COLLECTION PARISIENNE

MARCELLE DELMAS

LES

BONHEURS SECRETS

PARIS
LIBRAIRIE CHARPENTIER et FASQUELLE
EUGÈNE FASQUELLE, ÉDITEUR
11 RUE DE GRENELLE, 11

1917

LES
BONHEURS SECRETS

IL A ÉTÉ TIRÉ

*10 exemplaires numérotés à la presse
sur papier impérial du Japon.*

COLLECTION PARISIENNE

MARCELLE DELMAS

LES
BONHEURS SECRETS

PARIS
LIBRAIRIE CHARPENTIER et FASQUELLE
EUGÈNE FASQUELLE, ÉDITEUR
11, RUE DE GRENELLE, 11

1917

LES
BONHEURS SECRETS

La vie est remplie de bonheurs naïfs et délicieux qui échappent à nos sens en raison de leur simplicité. Ils sont pourtant les seuls attraits de l'existence.

La facilité que nous aurions à les saisir nous les fait dédaigner.

A tout instant ils passent près de nous avenants et modestes, mais nous ne les cueillons jamais.

Toutes les heures qui s'écoulent emportent avec elles dans le « pays d'oubli » des trésors précieux passés inaperçus. Nous n'en avons le plus souvent qu'une conscience peu précise. Cependant, la tristesse instinctive que suscite en nous leur fuite rapide explique notre clairvoyance à leur sujet.

Et, seules, nos âmes sont responsables de la dispersion de ces instants heureux. Le charme des jours varie à l'infini. Mais leur véritable séduction découle moins de ce qu'ils renferment que de la manière dont nous les employons. Ce qui nous plaît en eux, c'est le reflet de nous-mêmes que nous y projetons.

Il y a les heures claires du matin, fraîches comme des sources vives ; les heures pensives du milieu de la journée ; les heures tièdes du soir, douces et apaisantes.

L'âme la plus simple peut en discerner les moindres détails.

Il suffit de n'imposer à son cœur aucune contrainte et de le confier au rythme bienfaisant des heures qui règlent notre destinée. Chacune apporte avec elle une somme de bonheur qui s'harmonise avec la disposition de notre âme.

Si nous l'avons habituée depuis l'enfance à demeurer accessible à toutes les beautés diverses et innombrables de l'Univers, elle saura distinguer, dans chaque heure du jour, la part qu'elle contient de tendresse ou d'encouragement. La jouissance régulière de ces moments heureux nous plongera dans un ravissement parfait. Car tout bonheur, pour être véritable, doit être composé de l'essence supérieure des plus beaux sentiments.

Bonheur unique qui nous fait vivre dans une atmosphère lumineuse de sagesse et de sérénité.

Les plaisirs vulgaires qui constituent l'idéal facile des êtres inférieurs ne peuvent provoquer en nous ces joies pleines et continues.

De même que nous transformons à notre image la qualité des heures, nous sommes presque toujours les auteurs inconscients de notre destinée.

Tout, autour de nous, n'est que songe et mystère et les choses n'existent que dans la mesure où notre âme s'y réfléchit. Un peu de beauté éparse flotte sur le monde et nos sens alourdis de matière nous cachent sa splendeur. La vie la plus humble contient une séduction secrète, et les gestes ordinaires de l'existence peuvent revêtir une certaine grandeur. Les sujets dignes d'enthousiasme sont proportionnés à la noblesse de nos âmes et les sentiments sont toujours à l'unisson du cœur qui les éprouve.

Nous portons tous en nous, à l'état inconscient, une somme d'idéal que nous laissons périr sans jamais l'utiliser. Si nous avions la sagesse de nous retirer chaque jour quelques instants loin du monde et de laisser flotter notre esprit dans le pays du rêve, les conditions de notre existence en seraient toutes transformées.

Nos âmes sont devenues la proie de toutes les puissances matérielles, vivifions-les au souffle divin de la Poésie.

Ne laissons pas mourir à tout jamais en nous la flamme intérieure qui sera seule capable d'illuminer notre univers.

Regardons les êtres et les choses à travers le prisme enchanteur de notre imagination.

On découvre dans les actes les plus simples d'un individu la somme d'enthousiasme qu'il se plaît à conserver en lui. C'est ce qui explique la sympathie irraisonnée que nous avons pour certains êtres.

Le rayonnement de leur âme semble provoquer l'amour.

Parmi les rares figures agrandies par l'auréole du rêve, celle de Jean-Jacques Rousseau est demeurée la plus parfaite et la plus pure.

Comment ne pas évoquer votre chère mémoire, ô divin Jean-Jacques, vous, le grand imaginatif qui avez su faire germer sur le chemin aride de la vie, les fleurs délicates de la Poésie.

Puisque notre faiblesse est telle que nous avons besoin d'un guide et d'un soutien pour diriger les moindres gestes de notre existence, il m'est doux de donner à mon âme l'orientation chère à votre cœur. Ainsi, selon la coutume qui vous était familière, je chercherai uniquement en moi-même les seules joies susceptibles de me ravir et de m'émouvoir.

* * *

Les premiers bonheurs qui se présentent à nous sont ceux de la nature. Rien que de les évoquer, je crois sentir encore le trouble captivant qu'ils ont laissé en moi. Plaisirs du cœur, des yeux et de la conscience.

Je me souviens de moments uniques où tout mon être se fondait en elle dans un profond élan d'amour. Dans ces minutes rapides, je perds notion de tout ce qui m'entoure. Une fièvre intérieure me dévore. Je voudrais m'évader de moi-même. Toute la nature me pénètre dans une chaude étreinte. Je ne suis plus celle qui mettait ses aspirations suprêmes à se créer un cadre en harmonie avec son cœur; je m'associe dans une communion parfaite aux troubles les plus fugitifs de la nature. Je suis le vent léger qui fait frémir les feuilles; la rose qui s'étire à la tiédeur du jour; le crépuscule gris qui traîne ses longs voiles autour du bassin bleu.

Tout mon être ploie, accablé de douceur. Et si quelqu'un me frôlait en passant, il briserait le lien fragile qui m'unit encore au monde.

Il existe entre nos sentiments et les aspects de la nature de nombreuses affinités. Un paysage peut modifier l'état de notre âme aussi bien qu'un grand événement et nos impressions se transforment avec l'atmosphère où nous vivons. Quel est l'être un peu sensible qui n'a été surpris de la grâce légère qui flotte sur Paris? Il reste dans les lagunes de Venise un peu d'amour insoupçonné, et l'air que l'on respire dans Florence est harmonieux et délicat.

Les joies de la nature varient avec chaque saison. Celles que nous apporte le printemps sont perçantes et fines comme des flèches parfumées. L'air est lourd de senteurs embaumées et d'heureuses promesses. La lumière est si claire que le monde en semble rajeuni. On oublie les chagrins, les déceptions, les regrets. Les sensations s'affinent, l'esprit s'aiguise, le regard devient plus pénétrant. Le cœur, trop à l'étroit soudain dans la poitrine, se met à battre violemment.

Au printemps, la nature est semblable à une jeune vierge effarouchée qui s'éveille à l'amour.

Elle frissonne de crainte et de désir. Tout conspire pour le plaisir des yeux. Les arbres se détachent avec allégresse dans l'azur du du ciel. Les pâquerettes dans les prés montrent leurs têtes blanches et le soleil, comme, un convalescent, se promène à pas lents sur le bord des chemins.

Les plaisirs de l'été, ardents et lourds, se posent sur nos cœurs comme de gros fruits mûrs. Ils sont violents et matériels. Il semble que la vie soit suspendue, tant il y a d'immobilité dans l'air. Un malaise confus rôde et nous oppresse. Le bonheur lui-même est si profond qu'il attriste notre âme. La nature entière se recueille dans un silence solennel.

L'automne est la saison bénie de tous les tendres de la vie. Consciente de sa fin prochaine, elle pare ses heures dernières d'une suprême séduction. Elle agonise lentement dans un cadre somptueux de pourpre et d'or. Tous ceux qui portent dans leur cœur une bléssure inavouée, recherchent la douceur alanguie de son visage. Ils aiment associer la résignation attristée de leur âme à l'adieu grandiose et désespéré de la nature. A son contact la vie perd sa rudesse et sa fébrilité. Une pitié infinie monte du cœur aux lèvres et tous nos gestes sont des gestes de pardon. Les joies que nous apporte l'automne sont calmes et tranquilles. Elles prédisposent à l'indulgence et au renoncement.

Le cœur repose satisfait. Les yeux énamourés se grisent de lumière tandis que la nature se voile peu à peu de ses gazes légères, souples et argentées.

Les plaisirs de l'hiver sont timides et silencieux. La nature déserte se renferme dans un mutisme persistant. Elle gémit sur sa jeunesse disparue et ses charmes défunts. Elle n'est plus la courtisane en robe de parade qui traînait après soi tous les cœurs subjugués, elle s'isole dans une sublime méditation.

Elle plaît aux êtres sincères qui trouvent en elle des joies saines et précises. Les arbres, dépouillés de leurs feuilles, se découpent dans le ciel, hardis et fiers. Les yeux suivent harmonieusement la pure simplicité de leurs lignes et l'esprit compare l'élancement joyeux de leurs branches à un appel fervent vers l'infini.

※

C'est au printemps, à l'heure douce du crépuscule, qu'il faudrait évoquer les plaisirs suprêmes et adorés, les plaisirs du cœur. Ils proviennent le plus souvent de sources mystérieuses. On pourrait croire qu'ils s'amusent à dérouter nos connaissances et nos prévisions. Car le même sujet de bonheur, répété, à quelques heures d'intervalle dans les mêmes conditions, ne laisse souvent en nous que de l'indifférence. Le cœur est une lyre harmonieuse et sensible qui obéit à des impulsions étrangères et cachées. Il y a dans ces plaisirs des gradations diverses et multiples. Tous les êtres humains ne peuvent aspirer aux mêmes joies, et nous ne recevons du ciel que celles que notre cœur mérite.

Ainsi, nul ne peut s'évader du cercle de ses pensées.

Quand nous aimons, on dirait que l'âme de l'être aimé se substitue entièrement à la nôtre. Nous avons l'illusion d'élargir le domaine de notre sensibilité et la parcelle d'infini que nous avons tous en nous en éprouve une indicible joie. Une intuition semble nous avertir que notre évolution se mesure au degré de notre tendresse. Toutefois, il ne dépend pas de notre volonté de susciter en nous ces plaisirs enchanteurs. Quel que soit notre besoin d'aimer, notre âme restera dans un calme impassible si une intervention occulte ne fait pas jaillir en nous l'étincelle indispensable à l'éclosion de notre cœur.

En amour, tout n'est que découvertes. La présence d'un être aimé crée un monde nouveau à nos yeux extasiés.

Il suffit qu'une personne chère les prononce pour que les simples mots que l'on croyait trivials nous paraissent souples et prestigieux. Nous gardons pieusement dans un coin secret de notre cœur de pauvres phrases insignifiantes et banales toutes frémissantes encore de la voix douce qui les exprima. Elles dorment en nous, fidèles et dociles, en attendant l'heure bénie où nous les ressusciterons de leur retraite pour en savourer une dernière fois la tendre séduction.

Ainsi, nous avons tous un trésor précieux, composé de toutes les minutes heureuses arrachées à la fuite rapide du temps et conservées intactes et vivantes dans le fond de notre cœur. C'est le plus souvent à une époque désolée de notre existence, alors que tous les sujets de bonheur nous semblent dissipés, que notre âme s'éveille au doux plaisir d'aimer.

Suprême compensation accordée par la providence aux longues heures de découragement.

Il n'est de vie réelle que celle de notre cœur. Les événements extérieurs sont comme ces passants que l'on coudoie dans la rue sans les dévisager. Ils dérangent un instant le pur chemin que nous avions tracé, mais leurs ébats vulgaires ne peuvent porter une atteinte sérieuse à l'harmonie de nos pensées. Seules, les impressions sentimentales, si fugitives soient-elles, s'attachent à notre âme et y laissent à jamais leur fidèle empreinte. Ce n'est pas sur le nombre des années que nous devrions évaluer la durée de notre existence, mais sur l'étendue et la qualité de nos émois secrets.

Nous sommes tous menés par des lois éternelles qui attestent notre infériorité. Lorsque nous croyons obéir aux volontés les plus conscientes de notre être, nous ne sommes que les jouets des puissances invisibles qui règlent notre destinée. Ainsi, en amour, où le don spontané de nous-mêmes semble nous libérer, nous subissons encore l'ordre de la nature où viennent se rythmer les fluctuations de notre cœur.

On nous prévient de l'approche d'un grand bonheur sentimental par des pressentiments intimes qui mettent notre âme en joie. Il se fait alors une clarté imprévue dans le plus profond de nous-mêmes. Un trouble, semblable aux premiers pas furtifs de l'aube, nous émeut délicieusement.

On a la sensation de porter en soi un lumineux printemps.

Toute notre âme est en fête pour le miracle souverain.

Signes précurseurs d'une vie nouvelle qui s'annonce sous des auspices enchanteurs.

Ébloui par sa propre lumière, le cœur déverse sur tout ce qui l'entoure un peu de son rayonnement. Il aperçoit à travers le prisme de sa richesse intérieure les créatures de son choix.

Ainsi, nous formons à notre image l'objet de notre amour.

Rien n'égale en ce monde la grâce pénétrante de ces premiers émois. Douceur exquise qui s'épanche en nous comme un baume divin ! Tendresse inavouée d'un cœur qui rêve de s'abandonner !

Un sentiment de plénitude profonde et grave succède à ces transports secrets. Tout l'être est absorbé dans un bonheur puissant et lourd. L'univers se revêt à nos yeux d'une beauté insoupçonnée. La vie s'explique et s'étale sous des angles nouveaux. Nous comprenons soudain la signification de notre existence et la raison de nos aspirations intenses de jadis. Un sujet favorable vient enfin de s'offrir à l'enthousiasme de notre cœur. Les jours ne s'écoulent plus uniformes et vides, dispersant nos efforts et nos soins. L'âme concentre dans un but unique ses plus nobles facultés. Malheureusement ces instants sont fugaces et restreints. On ne communie avec les grands-mystères de ce monde qu'à de courts intervalles dont nous ne pouvons perpétuer la durée. Quelques élus possèdent même, seuls, le rare privilège d'en pressentir le merveilleux enchantement. On soit toujours renouvelé, augmenté, magnifié du passage d'un grand amour. Présent incomparable qui nous vient directement des dieux. Cependant, arrivé à son apogée, l'amour décroît insensiblement.

Comme le crépuscule succède à la féerie radieuse d'un lumineux soleil d'été, une tristesse grise imprègne peu à peu nos chers bonheurs passés. Le cœur se replie sur lui-même pour pleurer ses désillusions. Tout nous ramène alors à nos propres ressources et contribue à notre isolement.

Pourtant, comme ici-bas rien n'est définitif, nos douleurs se transforment avec les tendances naturelles de notre esprit. A quoi bon chercher l'absolu dans un monde où l'incertain et le temporaire sont maîtres souverains? Il se glisse un bienfait inattendu dans nos plus grands chagrins et la félicité la plus pure porte en elle une impalpable mélancolie.

C'est parce que nous dédaignons les petites joies de l'existence que notre vie se dessèche et s'amoindrit. Quelle que soit l'heure qui nous oppresse, sachons en pénétrer la secrète douceur.

Nos vrais bonheurs sont tous dans le passé. Tandis que la lumière du présent les effarouche, ils conservent, à l'abri du tumulte du monde, leur réelle beauté.

La jouissance suprême est dans l'analyse attardée des impressions heureuses. Et ce n'est qu'au moment où le bonheur décline que nous commençons à en apprécier tous les moindres attraits.

Il se dégage d'un grand amour qui agonise une détresse indéfinie.

Un peu de notre vie s'écoule avec nos enthousiasmes de jadis. Tristes renoncements, regrets, soupirs émus, que vous avez pourtant de charme pour notre cœur en deuil !

Une douleur consciente s'amoindrit par la connaissance de son propre malheur. Toute peine agréée s'efface en raison de son acceptation.

Un chagrin porte toujours en soi le germe d'un bonheur déformé.

Il faut si peu de chose pour modifier un sentiment! Le plaisir et la tristesse habitent des terres si voisines, qu'il suffit d'un souffle imperceptible pour en changer la véritable destination.

Petites joies d'un cœur qui se résigne, avec quelle grâce naïve vous vous penchez timidement sur lui!

Qui dira toute la poésie des mots!

Ils sont les messagers heureux qui portent au loin la bonne nouvelle, les interprètes diligents de nos royaumes intérieurs. Il y a les mots qui ont la gaîté d'une cloche qui sonne; les mots radieux comme un paysage en plein été; les mots heurtés et maladroits de ceux qui désespèrent. Il y a surtout les mots divins du cœur qui gardent à travers les siècles, par un miracle inexpliqué, un éternel printemps.

Les paroles d'amour sont les guirlandes fleuries de l'existence. Elles parent de leurs formes riantes nos heures et nos jours. Par quel sortilège ces mots prédestinés trouvent-ils si sûrement le vrai chemin de notre cœur?

Nos préventions les plus fondées ne peuvent nous défendre contre leur séduction.

Même si la voix qui les anime n'est pas chère entre toutes, leur sonorité douce comporte à elle seule un bonheur rare et délicat.

Il existe des créatures sensibles qui meurent du tourment secret de n'avoir jamais pu prononcer à personne ces phrases enchantées. Aussi, le soir, quand le jour baisse, à l'abri des regards indiscrets, elles se répètent à elles-mêmes ces mots privilégiés. Ils conservent encore la tiédeur exquise de tous les cœurs qu'ils ont troublés ; il semble, quand on les prononce, que l'univers en soit transfiguré.

Paroles plus savoureuses qu'un rayon de miel, musique éternelle de l'âme, vous accompagnez de vos notes chantantes, l'ineffable harmonie de nos frémissements intérieurs.

***

Si les phrases verbales possèdent la grâce aérienne qui résulte de leur fugitive durée, il émane de certains mots écrits un charme persistant. Toute pensée, fixée sur le papier, acquiert par ce fait même une valeur nouvelle. Combien de phrases, éparpillées au hasard des heures, qui ne seraient jamais sorties de nous-mêmes, s'il nous eût fallu les mettre par écrit !

La parole est le moyen d'expression familier aux sentiments vulgaires. Alors que nos conversations les plus intimes finissent toujours par s'effacer de notre esprit, il demeure éternellement dans nos lettres un peu de notre âme sincère et attardée.

Chaque mot profile sa silhouette personnelle sur la blancheur virginale du papier. On en voit de rapides et courts qui s'élancent hardiment vers la lumière ; certains, que des voyelles joyeuses éclairent d'une juvénile gaîté ; d'autres, si longs, qu'ils semblent, sur la feuille où ils se traînent, agoniser d'une douce langueur.

Nous mettons toujours dans nos lettres la plus pure essence de notre personnalité. Chacune est une confession. La tournure des phrases, la qualité des mots, nous trahissent invariablement. Il y a des lettres qui ne valent que par leurs pages blanches. Ce sont les plus significatives, on les déchiffre avec son cœur.

Car, bien souvent, tandis que les mots se pressent sous la plume, notre âme éprise ailleurs laisse pénétrer, dans les interstices immaculés des lignes, de suprêmes aveux.

Petites missives agiles et fidèles qui traversez pour nous satisfaire les plaines et les mers, avec quelle émotion heureuse nous attendons votre venue ! Vous êtes le sujet éternel de nos plus chères espérances et notre âme s'harmonise sur vos moindres variations. Sans doute existe-t-il des anges protecteurs pour guider à travers le monde votre marche sacrée. Il suffit qu'une lettre arrive à l'instant propice pour que deux cœurs prêts à se séparer se sentent réunis. Quelle que soit la confiance aveugle que nous ayons dans une autre âme, nous éprouvons le besoin de recevoir aux mêmes intervalles ce gage incomparable de fidélité.

O vous, lettres adorées, qui facilitez à tous ceux qui s'aiment la communion de leurs secrètes pensées, vous qui rendez moins sévères les séparations les plus désolées, apportez-nous toujours le bonheur bienfaisant de votre réconfort.

※

Le cœur ne peut contenir qu'une certaine dose de tendresse. Ce n'est pas en vain que l'on accumule en soi d'opulents trésors. Tôt ou tard le fardeau nous opprime et nous oblige à nous livrer. L'âme trop enrichie s'incline et déverse ses beautés. Nous devrions toujours être reconnaissants à ceux qui traversèrent notre route au moment où nous succombions sous le désir d'aimer. Il est si douloureux de comprimer dans un cœur saturé une trop grande quantité d'amour !

Les plaisirs de l'amitié échappent à l'analyse en raison de leur charme subtil et nuancé.

Il s'établit entre deux âmes unies par ces liens mystérieux une douce atmosphère d'émotion confiante et de tranquille abandon. L'amitié est un printemps timide qui ne connaît jamais d'été. On dirait que le cœur hésite à violenter ses sentiments. Fiançailles juvéniles de deux âmes qui se prolongent délicieusement.

Nos amis personnifient nos différentes raisons de vivre. Nous les choisissons en harmonie avec nos secrets penchants. Nous admirons en eux l'orientation magistrale qu'ils surent donner à leurs facultés et l'effort continu qu'ils prêtèrent à la réalisation de leur idéal.

Leur contact nous élève et nous ennoblit. Ce sont les grandes amitiés admiratives où nous plaçons les plus hauts mobiles de notre dévouement. Notre bonheur est tout entier dans leurs victoires qui sont toujours un peu les nôtres par la foi que nous avons mise à les pressentir.

Les amitiés les plus parfaites sont celles qui ne s'expliquent pas. Un véritable attachement affectueux est une inclination irréfléchie de l'âme.

Une tendresse qui se raisonne est si près de son agonie !

Dans le domaine inexploré des sentiments, nous ne sommes entourés que d'inconnu.

C'est en vain que depuis des siècles nous essayons d'approfondir les causes naturelles de nos impressions. Obéissons-nous à des lois inviolables? Ou bien le hasard nous conduit-il seul vers les joies et les peines dont il est le souverain dispensateur? Dans ces contrées obscures, l'intuition est la conseillère la plus clairvoyante et la mieux avertie.

Elle se manifeste surtout dans les rencontres inattendues où les événements nous mettent soudain en présence d'un être appelé à marquer dans notre existence. Une personne étrangère passe auprès de nous; nous ne savons rien de sa vie intime et sa mentalité nous est inconnue. Une puissance irrésistible nous attire pourtant vers elle, tandis que nous devinons confusément l'influence décisive qu'elle doit exercer sur nous. Quand les circonstances nous placent ainsi en face d'un autre être, c'est que nous sommes destinés à façonner notre âme au contact de sa personnalité. L'un et l'autre, nous éprouvons le besoin de cette intimité qui doit faciliter et couronner notre évolution respective.

Le cœur des êtres sensibles est un paradis

secret où viennent se blottir les visages aimés. Il n'est pas de jouissance plus exquise que d'évoquer, aux heures voilées du soir, leurs physionomies sérieuses ou amusées.

La tendresse tient à si peu de chose que, pour un cœur ouvert, tout est sujet d'attachement. Des gestes harmonieux, un regard caressant, une voix qui persuade sont autant de motifs à nos transports affectueux.

Pourtant, ici encore, le mystère nous enveloppe de toutes parts. On ne pénètre pas si aisément dans l'éden enchanté de nos chères tendresses.

Tandis que certains êtres dépensent en vain des efforts attentifs pour nous satisfaire, d'autres trouvent spontanément la voie de notre cœur. Ce sont les favoris de l'existence. Ils possèdent la grâce divine qui facilite l'indicible bonheur de plaire et de se faire aimer.

*
* *

Chaque jour revêt un caractère particulier qui détermine l'orientation de nos moindres pensées. Il y en a qui favorisent le travail absorbant et grave de la méditation; certains qui incitent au rêve; d'autres qui prédisposent à la contemplation grandiose de l'Univers. Il y a enfin les jours qui semblent consacrés aux joies sentimentales. Rien ne peut vaincre alors notre besoin d'aimer.

Nous sentons l'envie déchirante de revoir, fût-ce au prix des plus grands sacrifices, une figure aimée. Le fait d'aller vers une créature implique un intérêt puissant du cœur !

Que de mystère dans l'impulsion inconsciente qui nous conduit vers la demeure d'un ami ! Nous répondons sans doute à l'appel désespéré d'une âme qui demandait intensément notre venue. Car jamais un désir formulé avec sincérité dans le recueillement de la solitude, ne s'égare en chemin. Quels que soient les espaces à franchir, il parvient toujours à celui qui en fut le véritable inspirateur.

Une visite est une offrande de tendresse que nous faisons nous-mêmes à ceux que nous aimons. Notre présence est un témoignage vivant d'affection. Mais bien rares, hélas ! sont ceux qui savent découvrir le sens profond de ces démarches plus expressives que de suprêmes aveux. Trop de créatures inférieures en ont déformé jusqu'à ce jour, par de vulgaires intentions, la persuasive douceur.

Tout être humain, dès l'instant où une autre âme s'abandonne à lui, cesse de vivre dans les conditions normales. Il brise les limites restreintes de la vie terrestre où il était confiné, pour s'élancer vers l'infini.

. L'ineffable beauté des pensées qu'il suggère le détache du monde réel. Il devient alors un être rare et supérieur.

Nous ne devrions approcher qu'avec respect et émotion de ceux que l'amour a touchés de son aile divine. Tout se renouvelle et s'illumine sous l'influence d'un grand sentiment. La vie intérieure ne bénéficie pas seule de ces heureuses transformations. Le visage lui-même s'éclaire et s'adoucit. Il semble qu'une caresse invisible l'enserre délicatement. On dirait que la somme d'affection dont cet être est pénétré, s'étend avec complaisance sur tout ce qui l'entoure.

On croit même voir la tendresse flotter autour de lui. Mais c'est surtout dans sa maison, au milieu du cadre qui reflète les aspects les plus fugitifs de son âme, qu'il convient de poursuivre et de contempler sa véritable physionomie. Dans ces lieux qui abritent les moindres gestes de notre existence, tout nous accuse et nous trahit.

La forme des meubles, la recherche des bibelots, la couleur des étoffes, attestent nos penchants et nos goûts. L'air qu'on y respire est entre tous évocateur et expressif. Il ne faut pas une initiation bien savante pour discerner, dans l'ambiance qui émane de nos appartements, la qualité des pensées qu'on y cultive.

Une maison conserve fidèlement nos plus légères impressions. Je ne puis penser sans attendrissement à la bonté indulgente que les pièces habitées déversent sur nous. On dirait qu'elles sont reconnaissantes de la confiance que nous leur témoignons. Ce n'est vraiment que dans les chambres que nous avons instituées complices de nos rêves depuis de nombreuses années que nous pouvons analyser les émotions de notre cœur.

Quel que soit notre désir de voir clair en nous-mêmes, nous ne sommes aidés dans nos recherches que dans un cadre favorable à ces colloques intérieurs.

Nous comprenons si bien que des yeux étrangers nuiraient à la sincérité de ces entretiens avec notre conscience que nous attendons d'être dans une pièce que nous savons secrète et compréhensive pour nous livrer entièrement.

Les objets qui nous entourent offrent à nos songes quotidiens un regard ému et protecteur.

Ils compatissent à nos peines et participent à nos joies. Que de pensées exquises suscitées par un endroit propice, que nous n'aurions jamais soupçonnées dans un autre milieu!

On ne méditera jamais assez sur l'influence décisive exercee par un intérieur sur notre vie intime.

Les maisons sont comme les créatures humaines. Elles dépérissent sans amour. Elles ont aussi une petite âme mystérieuse qui épouse et reflète nos troubles personnels. Je me souviens de quartiers désolés où de pauvres demeures agonisent lamentablement. Ce ne sont pas les outrages du temps qui les ont ainsi dévastées, mais plutôt la poignante détresse de se sentir abandonnées.

Combien nous sommes ingrats envers elles d'oublier si rapidement toutes les joies incomparables qu'elles nous ont facilitées.

Pourtant leur grâce désuète est encore pleine de charme, et si leurs murs n'ont plus la blancheur éclatante des marbres, on y respire encore la captivante odeur des choses abolies.

Je connais aussi d'idéales demeures où tout invite à la douceur d'aimer. Les cœurs les plus secrets s'y épanchent d'eux-mêmes et les aveux naissent sur les lèvres avec simplicité.

La sérénité du silence qui s'y blottit prêche

la vie heureuse et réveille en nous le désir de nouveaux bonheurs affectueux.

La pâleur languissante des étoffes anciennes y rend plus accessible le langage subtil des sentiments, tandis que les fleurs ajoutent à cette atmosphère émouvante la senteur délicate de leurs pétales embaumés. Harmonie mélodieuse qui enchante les yeux et le cœur. Accord charmant qui satisfait les aspirations d'une âme évoluée et les exigences les plus méticuleuses du regard.

Mais j'ai vu surtout des maisons inoubliables où s'abritèrent d'ineffables amours. Elles ont l'aspect recueilli et grave de ceux qui portent un lourd secret et on n'en approche qu'avec une piété sainte comme auprès d'un temple sacré.

Elles dégagent la confiance sereine qui donne la prescience de l'immortalité. Leur sourire attendri est semblable à celui des êtres qui ont connu les grands mystères où persistait un peu de ciel.

Joies intimes et pénétrantes de la maison, bienfaisantes comme l'accalmie après l'orage, qui donc vous chantera ? Vous êtes les oasis paradisiaques que le bonheur inonde, les vivifiantes étapes au pays du rêve et de la divine tendresse.

Les maisons ont aussi leurs périodes de fête qui les remplissent de gaîté.

Ce sont les jours où des amis nous apportent le bonheur de leur chère présence. Oh! les visites que l'on reçoit! Il faut n'avoir jamais songé à la gravité de leur signification pour ne pas être ému jusqu'au fond de l'âme par ces preuves inestimables d'affection.

Les demeures où des mains chéries viennent souvent frapper sont reconnaissables entre toutes, même pour les yeux les moins avertis. Quand on passe près d'elles, on devine confusément la beauté des pensées qu'on y développe et la douceur des sentiments qu'on y entretient. Une visite n'implique pas seulement la joie d'avoir tout près de soi une personne aimée, mais aussi les plaisirs accessoires et non moins délicieux des causeries, des confidences et des rêves partagés.

La conversation est un divertissement du cœur qui, las d'être concentré sur lui-même, s'épanche agréablement, le murmure harmonieux d'une âme qui se raconte à une autre âme en qui elle devine une sœur!

On connaît l'influence heureuse exercée par une présence chérie sur nos troubles intérieurs. Un cœur qui nous écoute avec intérêt dégage une ambiance favorable à l'étude approfondie de nos états d'âme.

Car, presque toujours, l'intensité de nos émotions personnelles nous aveugle à notre insu. Toutes nos facultés d'analyse et de raisonnement sont anéanties par l'ivresse de sentir. Nous avons besoin alors qu'une créature amie nous aide à lire en nous-mêmes par le secours de sa tendresse à notre égard.

Plaisirs des tendres causeries où deux âmes s'unissent et se confondent dans une parfaite intimité, vous êtes doux comme une caresse légère qui passerait sur notre cœur!

Pour comprendre toute la séduction des choses qui nous entourent, il est précieux d'avoir la complicité du grand magicien que nous appelons le silence. Il dégage de chaque individu la poésie latente qui sommeille obscurément en lui; il révèle à nos yeux imparfaits le charme des harmonies secrètes. Sans son aide les actes perdent leur véritable signification et notre cœur, égaré dans le tumulte du monde, ne sait plus distinguer les causes naturelles de son émoi. C'est surtout à la campagne, au milieu de la nature immobile et sereine, qu'il convient d'apprécier ses admirables trésors. Pourtant, on peut encore jouir de ses bienfaits dans nos appartements, aux heures graves du soir, où il règne alors en maître prestigieux. On s'imagine à tort qu'il est informe et inanimé. Nous le peuplons chaque jour nous-mêmes de nos souvenirs et de nos pensées. Il spiritualise tout ce qu'il effleure. Sa musique est toujours à l'unisson de nos troubles intérieurs.

Les plaisirs qu'il nous procure sont assujettis à la disposition de notre âme. Pour en comprendre tous les moindres agréments, il est nécessaire qu'elle ne soit affectée d'aucun sentiment violent, car le silence est ami de la paix souveraine et de la suprême eurythmie.

Le silence détient entre ses doigts diaphanes et légers, le secret du rêve qu'il facilite et embellit.

Quand il étend sur nous ses ailes apaisantes, nous sentons que le bonheur va visiter notre âme. Il entraîne à sa suite la divine espérance, sœur cadette du rêve.

Quelle est la créature un peu délicate qui ne conserve un souvenir ému de ses voyages enchantés aux pays féeriques du songe ? Ce sont les refuges bienfaisants où notre esprit désabusé va puiser le courage de bien vivre et la force de bien penser.

Le rêve pare tous les sentiments et toutes les idées. Néanmoins, il a une préférence secrète pour ce qui touche notre cœur. Quand notre sensibilité est atteinte, il redouble de zèle et de séduction. Il fait un paradis de toutes nos joies terrestres idéalisées.

Les plaisirs qu'il suscite en nous sont vaporeux, tendres et illimités.

Ils ont l'imprécision exquise de ce qui touche à l'infini.

**

L'espérance est le sourire permanent du monde, le rayon de soleil qui brille après la tempête, la fleur printanière qui succède aux neiges de l'hiver. Elle est encore la mère vigilante qui veille sur nos destinées et pourvoit à toutes nos exigences. Mais, consciente de sa valeur, elle ne se montre que rarement, avec une extrême prudence.

On dirait qu'elle se réserve pour les minutes décisives où, privés de son secours, nous laisserions tomber, de nos doigts découragés et malhabiles, le flambeau de la vie.

L'espérance possède l'éternelle jeunesse du cœur. Elle est fraîche comme l'eau transparente des fontaines, voltigeante et légère comme les papillons. Elle laisse aux âmes qu'elle traverse un bonheur illimité d'où jaillit une sève nouvelle, qui rajeunit notre univers.

***

Une force mystérieuse nous entraîne sans cesse vers un monde toujours nouveau, et notre âme est impuissante à suspendre la fuite rapide des heures et des jours. Tout nous précipite vers l'inconnu. A peine venons-nous de les éprouver que les sentiments si chers à notre cœur s'effacent et meurent sans laisser après eux la moindre trace. Les conditions de notre existence, le bruit du monde où nous vivons, tout contribue à étendre l'immense oubli dévastateur. Il faudrait des mots vieillots et surannés, aux inflexions câlines et un peu lasses pour essayer de traduire les joies du souvenir. Tout en lui n'est que douceur et harmonie. Il jette sur les êtres et les choses un enveloppement de rêve qui les idéalise, il embellit tout l'univers.

Le souvenir est le poète du passé et le prolongement attardé de la vie. Semblable à l'abeille amoureuse qui tremble sur la fleur, il se penche avec grâce sur le cœur qu'il console. Son geste est tendre et délicat comme celui des mères et sa caresse est un effleurement.

Je rêve souvent d'une maison isolée au sein de la nature où l'on pourrait, aux heures graves de l'existence, prier et se ressouvenir.

Hospitalière et avenante, bâtie sur le penchant de la colline, elle offrirait un asile à nos émois secrets. Nous irions auprès d'elle revivre les sentiments éteints et lier de nouvelles connaissances avec les chers visages disparus.

La maison du souvenir, réveillée un instant de sa coutumière torpeur, sourit à nos rêves et à nos illusions. Petite et basse, accablée par la beauté du jour, elle semble s'être prosternée pour remercier et louer Dieu. Un silence profond empêche l'écoulement des heures : le temps est immobilisé.

Le passé le plus lointain n'est qu'un vaste présent illimité où tout ce que nous avons aimé sur cette terre se rassemble pour fêter notre venue. Car rien ne meurt jamais en ce monde et le passé n'est qu'une illusion de notre esprit. Pour peu que nous les ayons un instant animés de notre tendresse, les êtres et les choses vivent désormais en nous éternellement. Et, si, parfois, ils semblent vouloir se dérober, c'est que nous leur avons, à notre insu, dicté cet éloignement.

Le souvenir n'habite pas de la même manière tous les esprits et tous les cœurs. Il a ses préférences et ses sympathies. Il recherche les âmes fidèles dont il adore le recueillement silencieux.

Le souvenir, dégagé des liens terrestres, possède la grâce légère des fantômes et des apparitions. Comme eux, il affectionne les contrées retirées et tranquilles que le bruit ne trouble jamais.

C'est ainsi que nous devrions chaque année faire une pieuse retraite à la maison du souvenir.

Oh ! le plaisir délicieux de revivre, dans un dévot pèlerinage, tout ce qui fut jadis nos peines et nos joies !

* * *

Tout être humain est voué depuis sa naissance à une solitude implacable que rien ne peut modifier. Nous sommes toujours seuls vis-à-vis de nous-mêmes et l'univers se revêt à nos yeux de la forme de nos pensées. Quels que soient nos désirs d'expansion, il y a des sentiments qu'une force intérieure nous oblige à garder secrets. Et comment traduire avec des mots aux significations rigoureuses et précises, ce qui est insaisissable et mystérieux ? Notre cœur est rempli de détours inexplorés où le jour ne pénètre que difficilement. Seul, l'usage fréquent de la solitude en facilite la connaissance approfondie. L'homme se libère dans l'isolement. Il ouvre un champ illimité à ses pensées et à ses sentiments.

Les plaisirs de la solitude sont calmes,

profonds et doux. L'esprit, délivré de toute contrainte, reprend avec délices le chemin de ses rêves familiers. Aucune présence indiscrète ne trouble ses méditations; ses réflexions ne sont plus suscitées par une pensée étrangère, il est le maître absolu de ses moindres impressions. Et il se laisse aller avec ivresse aux joies intenses de la liberté.

Le premier bienfait de la solitude est un sentiment de félicité intérieure et de sérénité.

L'âme recueillie semble immobilisée dans le bonheur.

Pourtant, comme il ne saurait exister de joie parfaite sans amour, le cœur affiné par la solitude cherche dans une région plus haute de nouveaux sujets d'enthousiasme. Il se livre alors sans réserve aux plaisirs ailés de l'imagination.

Quelques rares privilégiés que les réalités de l'existence n'ont jamais pu satisfaire, savent seuls en apprécier toute la séduction.

Nous créons alors en nous-mêmes des êtres dignes de notre tendresse. Car l'idée de perfection est inséparable de nos effusions sentimentales.

Il serait puéril de croire que l'imagination est une pure fantaisie de notre esprit. Elle s'alimente à plusieurs sources parmi lesquelles on trouve toujours l'art et le sentiment.

L'amour et la pensée sont les auxiliaires fidèles de nos paradis supposés. Ils participent à l'harmonie souveraine. Le cœur prodigue ses trésors, tandis que la raison les élimine et les dispose.

Se construire un idéal n'est pas à la portée de tous les êtres.

La beauté diffuse qui nous enveloppe se devine bien plus qu'elle ne se constate. Elle ne se livre qu'avec réserve et exige un épurement de tous nos sens. Il faut avoir en soi l'intuition de l'impérissable et de l'infini pour apprécier ces plaisirs dépourvus de toute substance matérielle. Divines aspirations vers des joies inconnues dont on pressent la secrète douceur !

* * *

Le domaine de nos rêves est peuplé de créatures exquises, groupées par l'attirance d'une sympathie instinctive, provenant d'affinités semblables. Les belles figures animées par l'imagination des poètes y voisinent avec les grandes héroïnes dont l'histoire nous a pieusement transmis le souvenir. Ce sont des êtres d'exception que l'étendue de leurs connaissances et l'élévation de leurs sentiments ont immortalisés. Il est curieux de constater combien la légende néglige les personnalités qui se vouèrent au culte de l'intelligence ou de la raison, pour s'attacher avec prédilection à celles qui pratiquèrent la religion du cœur.

En dépit de la fragilité de leur existence toute spirituelle, ces créatures de rêve exercent sur nous une autorité prépondérante et décisive. Elles combattent nos faiblesses, concentrent et guident nos énergies, influent sur nos impressions. Elles symbolisent nos plus belles tendances idéalistes.

Nous les avons choisies comme modèles à un âge où nous ignorions encore les obstacles à franchir pour mener une existence harmonieuse, et nous croirions déchoir vis-à-vis de nous-mêmes si nous renoncions à ces idoles de jadis. Nos admirations ne sont-elles pas toujours en accord avec nos facultés les plus élevées ? Et nos enthousiasmes ne trahissent-ils pas nos élans inconscients vers un monde meilleur ?

Apprécier suffisamment la beauté pour l'ambitionner dénote une âme évoluée qui s'achemine à grands pas vers le perfectionnement total. Tendres héroïnes, qui incarnez à mes yeux les plus belles formes de l'idéal, je pense à vous souvent. J'aime vos visages énigmatiques qui se détachent, avec une gravité si douce, sur le clair-obscur du rêve.

※

Je voudrais signaler encore, dans les plaisirs du cœur, certaines impressions étranges dont la provenance nous est inconnue et que j'appellerai les « joies sans cause ».

Il semble que rien ne les provoque ni ne les explique. La satisfaction même qu'elles suscitent en nous est indéfinissable et mystérieuse.

C'est comme une allégeance qui envahit notre âme. Une sérénité plus pénétrante qu'un beau jour de mai ; le calme majestueux de la nature aux approches du soir. Repos de tout l'être que nul souci terrestre ne vient effleurer. Ces phénomènes ne peuvent être classés dans la région de l'intuition, car aucun événement tangible ne vient en confirmer dans la suite d'une façon probante la véritable signification. Il faut donc écarter de notre esprit la tendance naturelle qui nous porte à chercher dans ces clartés intérieures le signe d'avertissements inéluctables. Je devine plutôt la cause de ces impressions dans l'intervention de puissances invisibles, soucieuses uniquement de réjouir notre âme. On y peut voir aussi la pensée fidèle d'un être aimant qui vient à nous, portée par l'intensité de sa tendresse.

Mais, je crois surtout au contact momentané d'une joie profonde, destinée à une autre créature et qui nous frôle dans sa course avant de parvenir à sa destination réelle.

Nous aurions ainsi l'explication de ces éclairs lumineux qui brillent en nous à des intervalles intermittents. Cette hypothèse nous invite à admettre que nous jouissons alors du prélude d'un grand bonheur qui ne nous est pas réservé, mais dont les signes avant-coureurs nous enchantent passagèrement.

*
* *

Si les conditions essentielles de notre existence reposent en grande partie sur la qualité de nos émotions sentimentales, celles-ci ne sont pourtant pas les seules détentrices de notre bonheur. D'autres joies, d'origines diverses, viennent encore nous apporter le concours de leur séduction.

Tous nos sujets de réjouissance ne sont pas immobilisés dans la région du cœur. Ainsi, les agréments du regard jouent un rôle aussi prépondérant dans notre contentement personnel que les plus vives satisfactions de la sensibilité. On est toujours tenté de croire que les plaisirs des yeux sont inconsistants et superficiels. Nous ne leur accordons le plus souvent qu'une importance secondaire.

Combien de créatures dont la longévité

leur permit de contempler pendant de longues années la lumière du jour, qui meurent sans avoir pressenti la beauté extérieure de l'univers! Tandis que nous demandons au ciel des grâces que nous croyons indispensables à notre félicité, nous négligeons tous les bienfaits incomparables qu'il nous prodigue chaque jour. Nous sommes les éternels aveugles qui passons à travers les merveilles du monde sans même soupçonner leur existence.

Les plaisirs visuels se présentent à tous les êtres humains sous des apparences identiques pour se décomposer ensuite à travers le prisme intérieur de leur personnalité. Ils nous laissent de leur passage une impression profonde de beauté qui n'est que la synthèse de leurs traits les plus caractéristiques. Les sensations puisées au dehors suivent toujours irrésistiblement la pente familière de nos facultés les plus développées. Selon la prédominance de notre intelligence ou de notre émotivité, elles prennent le chemin de notre pensée ou de notre cœur.

Pour des yeux avertis, tout est susceptible d'enthousiasme ou d'attendrissement. Les endroits les plus dénudés recèlent d'admirables trésors. Nous oublions trop aisément que la beauté rôde sans cesse auprès de nous, bien décidée à se soumettre à celui qui saura la découvrir. Comment décrire la délicatesse des couleurs, l'harmonie des formes, la grâce des mouvements et l'incomparable magie de la lumière étincelante, capricieuse et mouvante ?

Qui n'a médité sur l'acte en apparence si simple de regarder ?

Poser ses yeux sur la féerie du jour, contempler le jeu du soleil épandu sur les choses, saisir la signification des pauvres mouvements humains, suffirait à renouveler éternellement la source de nos émotions.

Pour celui qui sait voir, tout est expressif et évocateur. Observer attentivement autour de soi, c'est reculer les limites ordinaires de notre vie intérieure et enrichir à l'infini le domaine de nos connaissances.

*
* *

La nature est le paradis des yeux pénétrants et délicats. De tous côtés la vue est séduite par l'accord harmonieux des formes et des couleurs. Rien n'altère la douceur de ces impressions. Je ne parle ici, bien entendu, que des séductions apparentes et tout extérieures de la nature. Je passe sous silence les bonheurs enivrants que l'on peut y puiser quand on parvient à s'unir étroitement à elle dans une communion suprême. Mais ces enchantements divins ne peuvent être comparés aux simples plaisirs des yeux. L'apport considérable de sensibilité qu'ils exigent pour être ressentis les écarte définitivement des strictes satisfactions du regard. Tandis que les plaisirs visuels se livrent spontanément à toutes les créatures humaines, les autres ne s'abandonnent qu'à certains êtres doués d'une pénétrabilité étrange et suraiguë.

La lumière est la grande magicienne qui transforme au gré de son caprice les divers aspects de l'univers. Personne ne sait nuancer, avec son impeccable maîtrise, l'éclairage prestigieux d'un paysage. Elle excelle à faire voisiner les rayons de clarté transparente avec les ombres douces du crépuscule naissant.

Il y a des jours d'été où le soleil ruisselle sur la campagne subjuguée. La plaine immense, asservie sous sa domination, frémit voluptueusement. Les blés mûrs se courbent sous l'emprise brutale, tandis que le ciel impassible contemple cette lutte ardente et désespérée. Les yeux, aveuglés par l'intensité de la lumière, croient apercevoir le monde à travers le prisme d'une topaze. Soleil torride de juillet, vous êtes la revanche des jours peureux d'hiver. De même dans notre existence nous subissons soudain l'étreinte de la vie intense après les heures passives écoulées dans l'uniformité.

La nature connaît aussi le secret de ces atmosphères subtiles aux teintes atténuées.

C'est une douceur unique pour les yeux que d'admirer longuement la couleur de l'air printanier. Mélange incomparable de bleu limpide et de rose évanoui, tissé de gris d'argent.

Mais c'est surtout sur les feuilles des arbres, librement éployées dans l'azur, qu'il convient de contempler les ébats incessants de la lumière. Certaines branches prennent tout à coup, sous la pluie d'or qui les inonde, des apparences de palmes étincelantes enrichies de pierreries. Les arbres sont des bouquets de verdure offerts par la terre reconnaissante au ciel magnanime et généreux.

Il y a des chênes puissants, fortement enracinés au sol, qui opposent aux éléments un énergique défi. Ils symbolisent l'audace et la domination. Aucune clarté ne filtre entre leurs feuilles compactes et resserrées. Leurs formes massives se découpent en taches sombres sur l'horizon bleuâtre.

Les peupliers aériens sont les poètes mélodieux de la nature. Leurs silhouettes délicates et élancées trahissent leurs penchants idéalistes. Ils frémissent et chantent délicieusement au contact du vent qui les effleure. On éprouve à les contempler une impression de grâce naïve, impalpable et légère. Les saules-pleureurs, aux longues ailes repliées, languissent de mélancolie. Ils évoquent la pensée d'une veuve fidèle, pieusement agenouillée sur le tombeau de son époux.

Les pins sont les grands mystiques qui habitent les contrées éthérées du ciel. Austères et graves, ils recherchent les terrains incultes par goût naturel de mortification. Ils vivent le plus souvent par bandes, attirés par leurs désirs semblables de renoncement. Ils portent dans leurs flancs blessés une plaie saignante d'où leur sève chaque jour s'écoule lentement. Insensibles aux séductions terrestres, ils n'aperçoivent même pas le sourire attendri des bruyères roses étendues à leurs pieds, ni l'appel désespéré des cigales amoureuses qui s'étourdissent de leurs chants. Les arbres fruitiers sont les enfants bâtards de la nature. Ils dédaignent les existences superficielles qu'ils jugent sans attraits. Leurs frères aristocratiques qui occupent les parcs ombreux, les méprisent pour leurs allures joviales. C'est en avril, alors que le renouveau les pare de son éternelle magie, qu'il faut admirer leur physionomie riante. Ils prennent alors des airs de villageoise coquette parée de ses plus beaux atours. On dirait des houppes fleuries, balancées par des mains invisibles, dans l'air tout imprégné de senteurs embaumées. On a l'impression, quand on les regarde, d'absorber par les yeux un peu de leur juvénile fraîcheur.

Le charme qui se dégage des arbres isolés disparaît quand on les considère par groupes. La communauté entrave leur indépendance et combat l'essor de leur personnalité. L'étendue de ciel où un arbre s'éploie fait partie intégrante de sa beauté. Les séductions les plus charmantes des bois sont la danse de la lumière sur les branches et les pans de ciel disposés comme des rubans bleus entre les arbres disjoints.

Les yeux habitués à contempler des sites larges et grandioses éprouvent d'abord une impression de contrainte à restreindre leur horizon. Mais la contrariété cesse avec la surprise. La vue s'enthousiasme vite de cette pénombre languissante striée de rayons obliques et lumineux.

La forêt est le grand cœur de la nature plein de frémissements et de murmures secrets. La vie y est harmonieuse et confidentielle. Tout favorise le mystère et invite au recueillement. Le silence pèse lourdement sur les âmes rêveuses qu'il prédispose à la méditation. La mousse, comme un tapis de velours sombre, s'étend sous les pieds avec une complaisante douceur. Les oiseaux y vivent en famille et les violettes timides aiment y abriter leurs délicates amours.

* * *

On ne contemple pas le ciel avec les mêmes yeux que les objets profanes. Tandis que le regard n'obéit le plus souvent qu'à un mobile d'habitude ou de curiosité, il revêt, quand il s'attarde sur la voûte céleste, une signification profonde. Ce geste trahit une disposition mystique de l'âme soucieuse de chercher dans ces régions élevées des indices de divinité. Les fluctuations du ciel se transforment et se renouvellent indéfiniment. Il y a des jours où il s'abaisse sur nos têtes dans une attitude de tendre protection.

Le sentiment de solitude désolée qui sommeille toujours en nous, s'efface aussitôt par enchantement. On a l'impression d'être soutenu par un maître suprême. Mais il est parfois si dédaigneux qu'il se retranche avec mépris dans les plus grandes hauteurs. On ne peut le regarder sans être saisi alors de vertiges et d'éblouissements. Tout nous rappelle ainsi notre impuissance quand nous voulons avec trop d'insistance pénétrer les grands mystères offerts depuis des siècles à notre anxieuse et douloureuse curiosité.

C'est à la campagne, dans les régions où les plaines silencieuses et graves s'étendent à l'infini que l'on peut examiner les plus belles étendues de ciel. Nous n'en distinguons dans les villes que des fragments inégaux, découpés en formes bizarres par les toits des maisons.

Le ciel est un joyau aux reflets changeants dont les teintes subtiles varient avec les heures du jour. Le bleu est sa parure favorite, dont il aime s'entourer et se vêtir. Mais que de distinctions à faire dans cette nuance qui prend tour à tour des apparences de turquoise et de saphir ! On lui accorde aussi un penchant assez vif pour les gris fragiles veinés de blanc laiteux ou de mauve languissant.

Les soirs d'été surtout sont une ivresse pour les yeux. Le firmament d'un bleu sombre descend sur la nature recueillie.

L'immobilité des arbres, la pesanteur du silence, la pénombre violette qui enveloppe les choses, donnent à ce spectacle un air de mystère et de gravité. Mais l'enchantement ne dure que quelques instants. Les étoiles peu à peu se montrent une à une, et leur présence lumineuse rétablit l'ordre et la clarté. Les yeux qui contemplèrent ces fêtes fastueuses en conservent éternellement l'obsédant souvenir.

⁂

Les fleurs sont des créatures de rêve dont les formes harmonieuses ravissent le regard. Elles parent nos jardins de la grâce de leur sourire et de l'éclat de leurs couleurs. Elles semblent le fruit de l'union amoureuse du soleil printanier avec une nymphe rieuse qui se baignait dans ses rayons.

Toutes les fleurs ne reçoivent pas du ciel la même destinée.

Et le petit génie agreste qui préside à leur naissance prend soin de les vêtir avec tact et circonspection. C'est ainsi qu'il donne aux fleurs des champs des parures très simples, tandis qu'il répand sur les autres les teintes les plus douces et les modelés les plus délicats. Il prend soin encore d'imprégner leur haleine d'agréables odeurs.

Les roses blanches sont des premières

communiantes dont le cœur virginal se nourrit de célestes amours.

Les roses roses ont l'air d'adolescentes timides que la chaleur du jour trouble délicieusement.

Les roses rouges présentent l'aspect de belles jeunes femmes dont l'âme ardente chante à la nature un hymne passionné.

Les lis, dont la chair diaphane rappelle la transparence nacrée des cierges, possèdent la grâce flexible des vierges de vitrail.

Ils évoquent le souvenir de jeunes postulantes consacrées au Seigneur comme de vivantes hosties. Ils prennent dans nos jardins des apparences de calices tendus par les mains des anges à la rosée du ciel. Les lis symbolisent les plus nobles aspirations de la nature. Leur minceur exquise atteste leur goût naturel de pureté. Et les yeux qui les contemplent en retirent une impression d'ineffable candeur.

Les lilas sont des grappes odorantes et fleuries que le vent de mai agite de son souffle tiède et capricieux. Ils font penser à des encensoirs d'où s'exhaleraient des parfums enivrants.

Mauves ou blancs, ils s'harmonisent délicieusement dans le ciel printanier. Leurs teintes de pastels anciens se confondent avec un art incomparable sur le bleu mourant de l'horizon.

Les chrysanthèmes mélancoliques naissent avec les premiers jours sombres de l'automne. Sans doute faut-il attribuer leur désespoir secret à la tristesse de novembre qui s'infiltre partout implacablement.

Même quand ils s'efforcent de sourire pour nous égayer, on devine qu'une douleur profonde pèse sur leur cœur.

Ils paraissent voués au cimetière dont ils aiment le silence pensif et désolé. La solitude est pour eux un bienfait inestimable; ils la recherchent et s'y confinent avec obstination. Ils dégagent une odeur âcre et amère qui a de nombreuses analogies avec l'acidité des larmes brûlantes.

Je plains les pauvres fleurs d'hiver qui ne connaîtront jamais l'étreinte bienfaisante et câline du soleil chaleureux.

A l'origine du monde les mimosas ne fleurissaient jamais. Ils étaient de simples arbustes toujours verts dont les feuilles, découpées avec habileté, ressemblaient à de la dentelle légère. C'était leur unique parure. Mais, un jour, le soleil pris de compassion se posa sur eux avec tendresse.

Il les tint longtemps embrassés dans une étroite communion.

Transfigurés par cette preuve d'amour, ils se couvrirent aussitôt de petites perles d'or. Depuis cette époque, les mimosas en fleurs ont l'air de traînées lumineuses, éblouissantes de soleil.

※

On trouve dans les musées les jouissances les plus complètes du regard. Comment traduire les impressions qui viennent nous assaillir en foule au moment d'en franchir le seuil?

Conscientes des trésors précieux qu'elles renferment, les salles silencieuses nous invitent au recueillement et à l'admiration.

L'art prévoit et satisfait nos aspirations les plus élevées. Les êtres sensibles y trouvent un refuge et une consolation.

Ils s'efforcent d'y faire converger tout ce qui sommeille en eux de rêves inassouvis.

Il se mêle, à ces plaisirs des yeux, les agréments accessoires et non moins attrayants de la pensée et du sentiment.

Toute l'essence supérieure de la beauté universelle se trouve fixée sur les toiles exposées. A tout instant, la vue est sollicitée par des attractions nouvelles : paysages naïfs ou imposants, intérieurs où flotte une atmosphère de douce intimité, figures touchantes de jeunes filles, tout intéresse l'esprit, charme le regard, amollit le cœur.

Quel divertissement peut être comparé à celui qui consiste à démêler dans ces ouvrages la somme d'idéalisme ajoutée par l'auteur à la valeur intrinsèque du sujet? L'art est une sélection intelligente exercée par un esprit supérieur sur ses impressions.

Un peintre donne une forme durable aux manifestations les plus éphémères de la beauté. Les aspects gracieux de la nature, les gestes les plus expressifs, sont éternisés par son génie. Ici, rien d'inutile ou de superflu. Aucun crédit n'est accordé au hasard. Les moindres détails, ordonnés avec un soin patient, concordent à la perfection totale.

L'art est la religion de l'idéal dont les musées sont les temples sacrés. Se vouer au culte du beau, c'est transformer son existence en un jardin de parfaite harmonie.

Nous rapportons de la contemplation de certains chefs-d'œuvre plus d'émotions intenses que ne pourraient nous en offrir de longues années d'existence mouvementée. Nous avons sous les yeux, avec la reproduction intégrale des choses observées sur le vif, le procédé d'interprétation cher à l'artiste, qui trahit sa personnalité.

Car, il transpire toujours un peu de l'âme de l'auteur dans ses créations.

L'inspiration est un don divin qui permet à quelques êtres de quitter le plan terrestre pour aller puiser, dans un monde invisible et mystérieux, de nouveaux sujets d'enthousiasme. C'est ainsi que les peintres exigeants et raffinés vont chercher dans le pays du rêve des créatures dignes de leur amour.

Quels mots seraient assez significatifs pour évoquer la grâce unique de certaines figures de musées ? J'en ai vu de si belles que leurs traits incomparables en sont demeurés éternellement gravés dans son esprit.

Supérieures aux héroïnes de romans, ces femmes exquises se présentent à nous sous des apparences tangibles. Nous ne sommes pas obligés, comme dans les œuvres littéraires, de faire appel à notre imagination pour les contempler. Elles s'offrent aux regards charmés sous des apparences réelles, précises et vivantes.

Chaque être humain vit simultanément deux existences opposées et distinctes. L'une, tout extérieure, ne montre que les apparences; l'autre, intime et inavouée, soigneusement cachée aux yeux indifférents, trahit nos plus secrets penchants.

Un être se révèle par la manière dont il occupe ses loisirs. Car, quelle que soit l'étendue de nos occupations, il arrive toujours une heure où la vie nous laisse un peu de répit pour satisfaire nos propres désirs.

Livré à lui-même, l'homme prouve sa supériorité par la façon dont il use de cette liberté. Les musées offrent aux heures d'oisiveté un intérêt profond et émouvant. Selon la manière dont une personne s'y complaît, on peut apprécier sa valeur véritable.

Je compare souvent les êtres qui aiment s'y attarder à de pieux pèlerins, dédaigneux des plaisirs terrestres, et qui cherchent dans ces royaumes enchantés un sujet éternel d'enthousiasme et de méditation.

**

Pourtant, les plus beaux paysages du monde, les tableaux les plus éloquents, n'égaleront jamais l'indicible expression des visages aimés. Tandis que les yeux se posent sur eux avec une tendresse jalouse, le cœur cherche anxieusement, dans les plis imperceptibles de physionomie, une nouvelle manifestation d'amour.

Quand un être devient indispensable à notre bonheur, nous ne l'observons plus avec la libre insouciance de jadis.

Un sentiment, mêlé de crainte et de pudeur, nous oblige à détourner la vue. Nous ne le regardons qu'à la dérobée comme si nous commettions un sacrilège irrésistible et délicieux.

De quelle substance mystérieuse sont-ils donc faits, ces visages d'élection ?

D'où vient que nos yeux, naguère capricieux et volages, préfèrent à toutes les grâces terrestres, ces traits fragiles et adorés?

Miracle éternel de l'amour qui transfigure tout ce qu'il effleure et donne aux choses les plus ordinaires une inconcevable beauté.

⁂

La parfaite connaissance d'une âme est un problème ardu que bien peu de personnes parviennent à résoudre. Chacun de nous vit dans un monde isolé et inviolable dont l'accès demeure rigoureusement interdit aux passants étrangers.

Il existe pourtant un endroit béni où un peu de nous-mêmes se laisse deviner. Plus expressifs que les paroles, les yeux, comme des miroirs fidèles, reflètent nos troubles intérieurs. Ce sont des lacs paisibles et solitaires où le ciel de notre âme adore se mirer.

Mais leur langage est souvent obscur et incompréhensible.

Qui n'a souffert, jusqu'à l'angoisse, de l'impénétrabilité de certains regards?

Où faut-il donc chercher le secret de l'énigme qui dort au fond des yeux?

Puisque toutes les formes humaines sont façonnées sur le même modèle, pourquoi quelques rares personnes possèdent-elles seules le don de nous émouvoir?

Les figures chéries n'ont presque jamais rien qui les distingue et c'est en nous-mêmes que réside leur réelle beauté.

Les yeux de ceux qu'on aime sont des paradis inexplorés et merveilleux. On y fait de superbes voyages sous l'aile protectrice de la confiance et du parfait amour.

Il s'accumule dans certaines prunelles des trésors insoupçonnés.

Ils sont le privilège de quelques êtres délicats qui connaissent la véritable manière de les cueillir au fond des yeux.

*

On regarde les figures d'enfants avec curiosité et attendrissement. Il entre un peu de compassion dans l'intérêt que l'on porte à ces êtres naissants.

On pense avec inquiétude au destin qu'ils auront à subir.

Qu'adviendra-t-il de ces petites créatures ? Leur visage s'épanouira-t-il sous l'influence heureuse de l'amour ? Ou la vie difficile y mettra-t-elle la première sa pénible empreinte ? Si la jeunesse est un trésor précieux et enivrant, de combien de chagrins pourtant n'est-elle pas dépositaire ?

L'apprentissage de la vie est une rude épreuve pour ceux qui sont nés sensibles et sincères. Je connais des adolescents que leur état transitoire désole. Ils souffrent de la pénombre où ils sont confinés.

Tandis que la soif de comprendre les dévore, tout conspire à leur voiler la vérité. Ils, sont torturés jusqu'au martyre du problème mystérieux de l'avenir.

L'expérience de la vie ne s'acquiert qu'au contact de la douleur. On ne s'éveille à la lumière qu'après de longues souffrances et, quand on arrive à posséder des êtres et des choses une pleine connaissance, on regrette l'illusion qui les embellissait.

Voilà pourquoi on ne jouit jamais que de la jeunesse des autres. Et on ne songe à profiter de la sienne qu'à l'heure ou on ne la possède déjà plus.

Je ne puis contempler sans une douce mélancolie ces petits êtres innocents qui s'en vont faire isolément l'étude de la vie.

Avec quelle poignante détresse nous regardons vieillir les visages aimés !

On dirait que toute la pitié dont notre âme dispose se blottit dans nos yeux pour aviver notre tourment.

Oh! l'inexprimable souffrance de voir des figures, que l'on connut jadis jeunes et belles, se ternir sous le poids des jours ! Assister impuissant au ravage du temps inexorable, et ne comprendre toute l'étendue de sa peine que pour mieux en approfondir l'inutile regret ! Supplice de toutes les minutes que rien ne peut atténuer et qui ne trouve on achèvement que dans le repos final ! Pauvres visages qui veillèrent avec tant d'amour sûr mon enfance, je ne vous reconnais presque plus. Chacune de vos rides m'est une blessure cruelle. Je sens si bien que c'est un peu de moi-même qui meurt avec votre jeunesse !

Il y a des visages de vieillards que l'on hésite à regarder, tant on a peur d'y découvrir des atteintes nouvelles. Mais, parfois, la crainte de les voir disparaître pour toujours nous saisit brusquement et on attache alors sur eux un long regard désespéré.

On voudrait à force de tendresse leur insuffler une vie nouvelle qui les rendrait immortels; ou, tout au moins, conserver de cette dernière contemplation un souvenir profond, vivace et éternel.

Ainsi, partout où notre cœur se pose, il se glisse aussitôt un sujet de douleur. Mais quand la source dont elle jaillit nous est chère, nous l'adorons à l'égal d'un suprême bienfait. Car tout ce qui vient de ceux qu'on aime se revêt à nos yeux d'une incomparable douceur. Nous sommes organisés de telle sorte que les satisfactions vulgaires où notre cœur ne collabore point, nous semblent sans attraits.

Joies des yeux que l'on puise sur les visages aimés, vous êtes uniques au monde par l'inquiétude même que vous nous suscitez.

Existe-t-il, d'ailleurs, des félicités sans mélange ?

L'appoint de la douleur est souvent nécessaire pour nous faire apprécier l'ivresse du bonheur.

* * *

Il est encore des plaisirs visuels délicieux et presque puérils que je ne voudrais pas passer sous silence, tant ils me paraissent agréables et charmants. Ils exercent un empire décisif sur notre vie intime. Les femmes y trouvent un divertissement raffiné et délicat. Je veux parler du bonheur de s'habiller avec goût et personnalité.

Nous aimons assortir nos toilettes à la couleur du jour, à l'orientation de nos pensées ou à l'inclination de notre cœur. J'imagine qu'il habite dans quelques-unes de nos robes un petit génie mystérieux et tout-puissant qui influe vivement sur la disposition de notre esprit. Il y en a de spirituelles et coquettes qui prédisposent à la malice et à l'enjouement.

D'autres, nonchalantes et mélancoliques,

invitent, aux effusions sentimentales. Certaines, austères et graves, ne propagent que l'indifférence et le dédain.

Les couturières ne mettent-elles pas aussi un peu d'elles-mêmes dans nos habillements ?

Je pense souvent aux petites ouvrières qui, tandis que leurs doigts agiles courent sur l'étoffe, rêvent à leurs amours. Leur ouvrage est un paradis enchanté dont les points réguliers nous montrent le chemin. Une personne trahit encore ses sentiments par les teintes qu'elle préfère. Comment traduire le langage secret des couleurs ?

Le blanc est le prélude d'une tendresse juvénile qui se dissimule sous une apparente froideur. On songe à une fleur à peine éclose qui n'attend pour s'épanouir qu'un rayon de soleil.

Le rose est plein d'aveux qu'il ne peut proférer sans s'émouvoir. Il a connu le bonheur et il l'appelle encore. Car rien ne satisfait son impatient désir d'aimer.

Le bleu est sensible et romanesque comme une petite fille de seize ans qui s'en va, l'été, à l'ombre des charmilles, rêver à des choses enfantines et très douces.

Le gris porte le demi-deuil de ses illusions. Il est si timoré qu'il se prononce à peine. Pourtant il agonise sous le poids de son cœur.

Le mauve est le sourire resigné de la douleur. Il vit dans le passé et se nourrit de souvenirs. Léger comme un souffle, il meurt dans un soupir.

Le rouge est violent et despotique, brutal et tapageur. Il prêche le courage et dédaigne les êtres délicats.

Le noir, méditatif et aristocratique, s'isole pour cacher son désespoir. Il est sceptique et dédaigneux. Partout où il se pose, il sème le mystère. Et il chérit passionnément un idéal sublime et surhumain.

Les étoffes ont aussi une signification personnelle et distincte.

Le linon, puéril et délicat, possède l'insouciance naïve de l'enfance. Il est superficiel, candide et avenant.

Le taffetas, pimpant et capricieux, est insatiable de plaisirs. Sa grâce surannée évoque le souvenir des belles marquises de jadis, élégantes, incrédules et volages.

La mousseline de soie, enveloppante et

câline, rappelle la douceur d'un souffle printanier. Il y a de l'abandon et du désir dans sa grâce penchée.

Le tulle, aérien et léger, se volatilise sous le regard. Il est subtil et impalpable comme une apparition.

Agréments harmonieux de la toilette, vous êtes le sourire de la femme, l'auxiliaire précieux de sa grâce et de sa jeunesse.

Mais, quelle que soit votre origine, plaisirs de veux, grâce apparente des êtres et des choses, vous donnez à notre existence un intérêt toujours renouvelé. Le symbole est partout. Une leçon de beauté sommeille dans les gestes les moins expressifs et tout ce qui nous entoure participe, dans une certaine mesure, à l'harmonie parfaite du monde.

*
* *

Le domaine du monde cérébral est un royaume austère, régi par deux puissances souveraines, l'intelligence et la pensée. On n'en franchit le seuil qu'après de longs efforts, mais les joies qu'on y trouve sont émouvantes et profondes comme la vérité.

Le grand bonheur de l'esprit consiste à s'assimiler le plus de connaissances et à demeurer accessible à toutes les idées généreuses de son temps. Plaisirs toujours insatisfaits, qui cherchent éternellement des beautés nouvelles à découvrir et des pensées hardies à pénétrer.

L'intelligence est toujours en éveil. Tout l'intéresse et la captive. Les mobiles secrets qui font agir les hommes, les lois qui gouvernent le monde, l'énigme de la destinée sont autant de problèmes qu'elle s'efforce de résoudre.

Le cerveau d'un être qui médite obéit à des forces puissantes et variées. L'intelligence observe, la raison compare, la pensée synthétise et conclut. Tout, autour de nous, suggère et facilite la réflexion. L'acte le plus simple revêt aux yeux de ceux qui pensent une signification profonde. Car tous les chemins conduisent à la lumière ceux qui la recherchent avec opiniâtreté.

La véritable intelligence souffre des limites étroites où elle est enfermée. Il ne lui suffit pas d'assister en témoin averti au spectacle de la vie, elle veut en éclaircir tous les moindres secrets.

Exigences spirituelles d'un être qui déplore son ignorance et cherche inlassablement un sujet favorable à son évolution.

Qui n'a éprouvé jusqu'au vertige l'ivresse de comprendre ?

Sentir son esprit s'éveiller à des beautés nouvelles, distinguer en soi le flux grandiose de la pensée en mouvement.

On puise dans l'étude les émotions les plus intenses de l'Univers. L'esprit attentif et recueilli, converge ses plus nobles facultés vers un but suprême. Il s'isole du monde terrestre pour s'élancer vers le pays incomparable des idées. L'austérité qui règne dans ces régions élevées revêt d'une gravité profonde les manifestations qui en émanent.

Les êtres épris de science et de vérité y trouvent des plaisirs hautains et enivrants.

Les mobiles qui nous invitent à parcourir ces nobles contrées sont assez divers. La curiosité nous en suggère le désir; l'intelligence y prend goût et s'y attarde; la raison s'y complaît et la pensée subjuguée refuse de chercher ailleurs un sujet favorable à sa félicité.

Comment traduire la fièvre intellectuelle qui nous saisit brusquement tandis que nous commençons à deviner en nous les premières lueurs familières à l'éveil de la compréhension?

On peut attribuer l'enivrement qui nous anime pendant l'étude à plusieurs motifs.

Penché sur l'œuvre qu'il se propose d'approfondir, l'esprit fait d'abord abstraction complète de sa personnalité. Il suit attentivement le fil subtil et délié de l'idée offerte à sa méditation.

Lancé sur l'océan mouvant de la pensée, il

ne connait plus de limites à son bonheur. Sa
témérité n'accepte aucune retenue. Il franchit
les barrières opposées à son vol éperdu et il
visite tous les pays susceptibles d'offrir un
aliment appréciable à sa curiosité. Le plaisir
qu'il éprouve est comparable à celui d'un être
qui contemple pour la première fois des sites
étrangers.

Il y a dans toute pensée inédite un indicible
attrait. C'est un miroir qui nous fascine.
Mais nous n'y découvrons le plus souvent
que l'image attardée de nous-mêmes que
nous y projetons sans le savoir.

Ainsi, l'esprit vogue sans cesse vers de
nouveaux rivages. Il se meut dans le domaine
prestigieux de l'inexploré. Des horizons immenses s'offrent à son regard. Le cercle de
ses méditations familières se transforme et
s'élargit. Il aperçoit le monde sous un angle
nouveau.

Dans ces minutes grandioses, l'esprit a l'impression d'atteindre l'infini. Une fièvre intérieure l'agite et le dévore. Tout l'être, soulevé
par une force intense et mystérieuse, s'abandonne alors librement à l'ivresse étourdissante de l'enthousiasme.

Frémissements divins communiqués par le contact de la beauté.

Émois incomparables, suscités sans doute par un génie bienfaisant, chargé d'entretenir en nous le foyer de l'idéal.

Pourtant, sollicitée par la raison, l'intelligence refuse d'obéir plus longtemps à ces impulsions sans les analyser.

L'esprit, arrêté dans sa course rapide, se recueille pour étudier les causes véritables de ses impressions. Il se livre tout entier au bonheur de la méditation.

La réflexion est la suspension momentanée de la pensée, soucieuse de situer sur des bases précises et durables ses conjectures et ses dispositions.

La vérité, comme un trésor caché, dort au plus profond de nous-mêmes. Cela est si certain que nous n'acceptons jamais qu'à titre provisoire les assertions étrangères que l'on dispense autour de nous. Et, si nous cherchons dans l'étude un éclaircissement aux mystères qui nous entourent, nous sentons bien que les théories qu'on nous expose, répondent toujours aux exigences secrètes des êtres qui les préconisent.

Une des joies les plus captivantes de l'esprit consiste à rechercher en soi les impressions déjà éprouvées pour les comparer aux sentiments exprimés par l'auteur.

Nous apprenons de cette manière à démêler clairement les replis sinueux et innombrables de nos émois intérieurs. Un cœur qui se connaît est à l'abri de toutes les atteintes. Si le chagrin l'accable, il discerne aussitôt le moyen favorable à sa consolation.

Nous portons tous en nous, contigu à nos souffrances personnelles, le remède susceptible de les atténuer.

Plaisirs subtils de l'analyse, qui diminuez nos peines et vivifiez nos joies, vous donnez à notre âme le sens de la mesure et la passion de l'harmonie.

Grâce à vous, les sentiments prennent leurs places véritables. Et tout se rétablit sous votre empire bienfaisant.

* *
*

Le bonheur de l'étude, puissant et magnifique, communique à tout ce qu'il effleure une empreinte de profonde gravité. Comment décrire le silence austère et recueilli qui sommeille dans les bibliothèques ?

Respectueuse de l'effort accompli par l'intelligence, il semble que l'atmosphère se fasse plus subtile pour aider l'esprit dans son évolution. On dirait que les pensées grandioses qu'on y développe laissent éternellement après elles une ambiance indestructible de beauté.

La pensée suit toujours le chemin qu'on lui impose. Selon l'impulsion initiale qu'on lui fait subir, elle prend une orientation particulière et décisive. Ainsi nous créons nous-mêmes, en accord avec nos songes coutumiers, le monde où nous vivons.

L'ineffable poésie qui émane des bibliothèques se ressent bien plus qu'elle ne s'explique. L'esprit, séduit par tant de douceur insinuante, craint d'amoindrir sa joie en la définissant. Et il hesite à rechercher les causes véritables de son enchantement. C'est le domaine du silence.

La méditation en est la véritable souveraine. Le rêve y vient souvent étendre ses ailes harmonieuses et la sagesse immortelle y établit, avec prédilection, ses pénates familiers.

Les livres, soigneusement rangés sur les rayons, offrent aux regards attentifs un spectacle délicieux et captivant. Leur physionomie varie avec leurs penchants secrets. Certains, reliés en teintes sombres, prêchent l'étude et le recueillement, tandis que d'autres, vêtus de couleurs riantes, paraissent uniquement attachés au plaisir. Patients et silencieux, ils attendent éternellement l'heure bénie où nous les sortirons pour quelques heures de leur isolement. Ils ont pour nous une tendresse sans limite et leur bonheur suprême réside dans l'attouchement prolongé de nos mains contre leurs feuilles frémissantes. Ce contact les plonge dans une ivresse heureuse et délicate. Ils s'abandonnent à nous sans défiance, bien décidés à nous livrer, selon notre désir, tous leurs plus beaux trésors. Ils n'ont entre eux aucune intimité, et tous leurs efforts pour séduire sont dirigés vers nous. Parfois, saisis de la crainte de nous déplaire, ils n'osent plus nous contempler; et, blottis dans la pénombre qui les dissimule, ils fuient notre regard.

Que de liens puissants et mystérieux m'unissent à vous, livres adorés, compagnons de ma solitude, amis fidèles et consolants! Vous offrez à ma tristesse un dérivatif souverain et, mes inquiétudes les plus persistantes, vous seuls savez les dissiper; petits volumes qui possédez dans vos feuilles compactes, toute la science du monde, sa grandeur et sa beauté, mon cœur s'émeut rien qu'en vous évoquant. Vous conservez encore, blottis dans votre sein, les plus beaux rêves des poètes, et les philosophes austères inscrivirent sur vos pages le secret du bonheur.

Aucune de vos physionomies ne m'est étrangère. J'ai admiré votre visage le matin, pendant que le jour blanchâtre envahissait la chambre, semant partout l'espérance et la joie. Vous opposiez alors à la nature rieuse, une attitude empreinte de gravité et de dédain. Mais c'est surtout aux heures émues du crépuscule, que j'ai contemplé avec amour votre charmant visage.

Tandis que la nuit énigmatique répand ses flots bleus dans la bibliothèque recueillie, je laisse souvent mon esprit s'attarder avec complaisance sur vos mérites respectifs. Je vous connais si bien. J'ai apprécié toutes vos séductions une à une. Je sais que je trouverai dans certain livre le bonheur de l'étude, tandis que je goûterai dans un autre la douceur de m'émouvoir.

Chacun de vous est un trésor inépuisable. On dirait même qu'il s'accroît en raison des bienfaits qu'il dispense. Il met tout son orgueil dans la joie qu'il nous donne, et c'est notre tendresse qui le rend immortel.

Ames des livres qui hantez les bibliothèques aux approches du soir, vous ployez sous le besoin d'aimer. Les êtres humains sont occupés de tant de choses qu'ils ne soupçonnent même pas l'angoisse qui vous oppresse. O vous ! en qui l'on déverse tous les élans de l'âme, comment pourriez-vous contenir sans souffrance tant de richesses accumulées?

Vous êtes les précieux dépositaires de la beauté que l'on vous a confiée. Elle sommeille en vous, invisible et fidèle en attendant l'instant suprême ou, encouragée par notre sollicitude, elle sortira intacte et vivante de sa captivité.

Bonheur de la lecture, plus émouvant qu'un paysage qui se déroule, d'où vient votre pouvoir sur nous?

Votre prestige peut être attribué à tant de choses! Vous révélez à notre esprit des horizons insoupçonnés. Vous suggérez à notre pensée inactive de nouveaux sujets de méditation. Vous ouvrez, à nos cœurs épris de rêve, le chemin de l'idéal.

***

Pourtant, lassée de se mouvoir dans les pensées d'autrui, l'intelligence, désireuse d'indépendance, aspire à se créer de l'univers des opinions personnelles. C'est alors qu'elle va puiser au cœur même des choses des aliments nouveaux.

Les voyages se présentent à elle sous des aspects riants et enchantés. Ils ont pour la séduire des charmes si prenants !

La fantaisie et l'aventure s'y rencontrent au détour du chemin, tandis que l'imagination, délivrée de toute contrainte, s'abandonne aux ébats les plus desordonnés.

Voyager, partir à la recherche de la beauté éparse dans le monde, ne plus être, dans les pays que l'on visite, qu'un esprit en quête d'imprévu ! Il se fait aussitôt un réveil énergique de toutes nos facultés. On jouit de la nature avec une tendresse inaccoutumée. On s'émeut sur la qualité de la lumière. On respire avec ivresse le souffle large et tout-puissant qui vient de l'inconnu.

Ainsi il suffit de briser le cercle de nos horizons familiers pour retrouver toutes nos raisons de vivre. La somme d'enthousiasme que nous croyions diminuée se ravive en nous plus intense que jadis.

Jamais le bonheur d'admirer ne s'offre à nous avec plus d'insistance.

Et la satisfaction que communique la surprise, se renouvelle à l'infini pour le plaisir des yeux.

Vertige des voyages !

Curiosité sans cesse maintenue en éveil !

Félicité inoubliable, suscitée par la recherche constante des manifestations innombrables de la beauté !

*
* *

Quels que soient les bienfaits de l'étude, l'esprit n'atteint son complet épanouissement que dans l'intervention qu'il apporte aux conditions de notre existence. C'est en présence de la vie que l'on apprécie vraiment son utilité et sa grandeur. Selon la manière dont il juge les êtres, les événements et les choses, on peut établir sa véritable supériorité. Car l'intelligence, aidée de la patience et de la réflexion, peut nous faciliter la route du bonheur.

Nous aspirons tous au contentement suprême. Et si le chemin que nous adoptons pour y parvenir diffère avec chaque créature humaine, le but vers lequel nous tendons nos efforts répond toujours aux mêmes exigences.

Être heureux ! Désir inconscient et spontané de l'âme qui appelle la joie comme le regard la lumière. Mais bien peu de personnes, hélas! ont recours à l'intelligence pour parvenir à la satisfaction parfaite. La vie est semblable à une source féconde, d'où les éléments les plus divers jaillissent sans arrêt. Les sujets de joie et de tristesse y sont entremêlés et le bonheur découle de la manière dont nous les accueillons. Devant le spectacle de la vie, qui pourrait se défendre d'une impression très vive de curiosité?

Que de circonstances inattendues dans le flot incessant qu'elle projette sur nous.

Mystère impénétrable de l'avenir qui se dévoile au jour le jour sans qu'on puisse en présumer la suite, énigme qui déçoit les prévisions les plus éclairées du philosophe et du penseur.

La contemplation du monde procure à certains êtres un plaisir captivant. Ils meditent sur l'évolution des êtres humains, ils s'appliquent à sonder l'origine primordiale des événements; ils se passionnent pour les idées nouvelles dont ils suivent attentivement les courbes progressives. Pour celui qui sait déduire des actes les plus ordinaires des préceptes de sagesse, la vie revêt une beauté significative et profonde.

L'esprit, relié ainsi aux éternels problèmes de l'existence, communie avec les préoccupations les plus nobles de l'univers. Ivresse incomparable de penser !

Bonheur de rechercher d'après la logique apparente des êtres et des choses, les consequences des circonstances et des actes ! Nous sommes devant la vie comme des enfants sans défense. Puisque nous ne pouvons influer en aucune manière sur la tournure des évenements, sachons découvrir autour de nous, les sujets susceptibles d'en atténuer la foncière rigueur.

Laissons la vie venir à nous sans défiance. N'opposons à son cours regulier aucune prévention. Toutes les heures renferment des richesses insoupçonnées. Appliquons-nous à distinguer leur secrète beauté. Et que jamais aucun souci vulgaire ne vienne distraire notre esprit des trésors qu'il côtoie.

Que de fois la vie, pleine de bonnes intentions à notre égard et disposée à nous combler de ses dons les plus précieux, s'est vue contrainte par notre propre maladresse à nous priver de ses bienfaits!

Ainsi nous sommes souvent les auteurs véritables de notre désespoir.

Mais il est des bonheurs si variés dans l'existence!

A peine la tristesse habite-t-elle notre âme qu'un sujet de réjouissance se présente aussitôt vers nous. La vie accomplit fidèlement son œuvre journalière. Elle nous blesse et nous enivre dans le même moment. Et, puisque nous obéissons à des lois supérieures que nous ne pouvons modifier, laissons notre esprit voguer au fil des heures, à la poursuite du bonheur.

※

Il existe au plus profond de nous-mêmes un monde insoupçonné qui reflète scrupuleusement nos pensées et nos sentiments. C'est le domaine de la conscience.

Il suffit pour en découvrir l'authenticité d'évoquer certains phénomènes mystérieux, tels que l'inspiration, le pressentiment et l'intuition. La plupart d'entre eux émanent de ces régions obscures. Le rôle de la conscience, essentiellement passif, exerce cependant une autorité décisive sur notre vie intime. Que d'impressions inexpliquées, dont nous ne pouvions découvrir l'origine, qui provenaient de sa secrète puissance! Tout ce qui participe, ne fût-ce qu'un instant, de la vie de la conscience y demeure gravé éternellement. Les êtres, les événements et les choses qui constituent notre univers en fournissent les éléments essentiels. Notre conscience devient alors le réservoir naturel des vestiges que les idées et les impressions laissent en nous après leur passage.

Ces répercussions influent sur nos gestes les plus infimes. Et nous obéissons ainsi sans le savoir à une impulsion intérieure provoquée par nos propres pensées. Tout s'enchaîne dans notre destinée. Les chemins détournés que nous prenons pour sortir de nous-mêmes nous y ramènent à notre insu. Nos actes répondent toujours aux penchants de notre âme, et notre existence prend irrésistiblement l'empreinte des sentiments que nous cultivons. Nous pouvons en conclure que notre bonheur dépend en grande partie des émotions éprouvées par notre conscience au courant de la vie. Tous nos efforts devront tendre alors à ne laisser parvenir jusqu'à elle que des sujets susceptibles de la fortifier ou de l'agrandir. Appliquons-nous à démêler dans les actes les plus simples, la transformation inévitable qu'ils subiront en traversant notre âme, et sachons prévoir d'avance les modifications qu'ils apporteront à notre contentement intérieur. Car, si l'arrangement de notre existence doit être le sujet de nos soins les plus assidus, que de précautions ne devons-nous pas apporter à maintenir l'heureuse sérénité de notre conscience!

On a coutume d'envisager cette faculté sous la forme d'un censeur austère, épris uniquement de morale et de justice. C'est se méprendre étrangement sur ses attributs. Le résultat qu'elle se propose est de nous éclairer sur les êtres et les choses, d'une façon plus complète que l'intelligence ou la raison. La conscience est notre guide intérieur. Elle varie avec chaque individu. Elle se transforme avec leurs inclinations, leurs désirs et leurs besoins. C'est ainsi qu'elle peut se manifester sous les formes les plus diverses.

Les artistes trouvent en elle des leçons de beauté et d'idéal, tandis que les êtres sensibles y découvrent des indications heureuses pour l'orientation de leurs sentiments.

La conscience peut être envisagée comme le juge infaillible et intègre qui siège au coin le plus secret de nous-mêmes. Elle est encore la balance naturelle ou tous les événements, les êtres et les choses prennent leur valeur réelle. La sérénité de la conscience provoque et facilite l'harmonie souveraine de l'âme. Cet état, dont la jouissance n'est comparable à aucune impression terrestre, ne s'acquiert qu'au prix de longs efforts patients et continus. Mais le bonheur qu'elle suscite en nous, désormais indestructible et inviolable, mérite qu'on y aspire avec amour!

* *

La conscience est un paradis mystérieux où la lune opaline et rêveuse projette ses rayons argentés. Les joies qu'elle dispense conservent encore un peu de ce charme atténué et délicat. Ce n'est plus l'ivresse lumineuse et grandiose de la pensée ou de l'intelligence, mais un plaisir persistant et très doux qui se prolonge à l'infini.

Aucun bruit ne vient troubler la paix ineffable qui baigne ces régions silencieuses. Tout souci vulgaire s'arrête interdit devant l'entrée. Nos pensées et nos sentiments les plus nobles s'y meuvent seuls avec aisance et simplicité.

Les chemins qui conduisent au temple secret de la sagesse sont recueillis et solitaires. La majesté du but que l'on poursuit communique toujours aux voies par lesquelles on y accède un peu de son rayonnement.

Pressentir la vérité donne de nouvelles forces pour la conquérir.

Aspirer à la sagesse équivaut presque à la posséder. C'est jouir d'une façon anticipée des bienfaits qu'elle déverse sur ses adorateurs.

La conscience vit de notre tendresse et de notre sollicitude. Selon les soins que nous lui prodiguons, elle rayonne ou dépérit. C'est un trésor caché dont nous avons l'initiative. Le pouvoir d'en jouir est remis entre nos mains. Efforçons-nous de rechercher tous les sujets susceptibles de provoquer son éclosion.

La conscience est la manifestation du divin sous la forme la plus sensible. Elle vibre à l'unisson de nos émois secrets. Elle se développe en raison de l'harmonie établie entre nos pensées, nos sentiments et nos actes. Ainsi la sagesse naît de l'équilibre parfait de la conscience. Le désordre la blesse à l'égal d'une suprême offense. Le bruit du monde, comme un souffle nuisible, l'anéantit et la dissipe. Elle préconise surtout la vie recueillie et solitaire où l'esprit éloigné des préoccupations vulgaires, se livre tout entier aux joies austères et silencieuses de la méditation.

Elle acquiert dans l'isolement une prospérité nouvelle. Et le silence bienfaisant qu'on y savoure participe encore à son évolution.

Pouvoir magique et consolant de la retraite où tout s'estompe et s'adoucit, vous êtes l'enchantement du cœur, de l'esprit et de la conscience. Un flot d'harmonie se répand mollement sur tous ceux qui vous cherchent. Et la route qui conduit à la sagesse prend naissance dans vos parages familiers.

Les êtres et les choses, envisagés du cœur de la solitude, revêtent une signification empreinte de gravité et de profondeur.

Tous nos jugements sont marqués du sceau de la raison. L'illusion cesse, entraînant avec elle tous les egarements.

Renoncer au monde, c'est se depouiller, dans une mesure sensible, des mirages provoqués par nos sens sur nos impressions. Tandis que le bruit de la foule augmente et perpétue nos erreurs familières, la retraite dissipe tous les voiles tendus devant la vérité.

La conscience éprouve dans l'isolement un bonheur complet et définitif. L'être jouit alors de ses facultés les plus élevées. Il se possède avec maîtrise et clairvoyance. Il pense au passé sans amertume et considère le présent avec sérénité. Et, s'il évoque l'avenir, c'est d'une âme paisible que rien ne peut troubler. Il contemple l'univers avec condescendance.

Celui que sa conscience remplit d'une félicité aussi parfaite se place au-dessus de toutes les atteintes. Il habite un pays lointain et inaccessible dont il s'institue le maître souverain. Royaume magnifique qu'il régit à sa guise, et que personne jamais ne songe à lui ravir.

Le plus grand bienfait de la retraite est de faciliter la concentration de la pensée. Ainsi le recueillement qui naît de la vie solitaire peut être considéré comme un refuge bienfaisant offert par la Providence aux êtres épris de sagesse et d'harmonie.

Comment exprimer l'ineffable douceur qui émane des entretiens journaliers avec notre conscience?

Ivres de clarté et de justice, placés au

cœur de la vérité, nous regardons attentivement en nous-mêmes.

Avec quelle émotion indescriptible nous recherchons l'étendue de nos faiblesses ou de nos acquisitions!

Examens scrupuleux ou nous mesurons sur le clavier de la conscience le degré de notre évolution.

Les sentiments élevés et les pensées profondes, dont le développement s'effectue par étapes coordonnées et régulières, suscitent en nous des troubles captivants.

Toute idée porte en elle des germes secrets, destinés à fleurir à une date ultérieure, mais dont le passage en nous-mêmes se constate toujours. Ce n'est jamais en vain que l'on accueille de nouvelles façons de méditer ou de s'émouvoir.

Le rayonnement de notre conscience s'effectue toujours en raison de la qualité de nos impressions.

Nul n'ignore l'influence exercée par certaines pensées sur notre vie intérieure et morale.

Une idée grandiose ne procure pas seulement à notre intelligence une secousse étourdissante et vertigineuse, elle agit encore d'une façon décisive sur notre conscience. Il en est de même pour les sentiments qui, loin de se concentrer dans la région du cœur, influent sur la partie la plus obscure de notre être.

Ainsi, nous avons des devoirs rigoureux envers nous-mêmes. Ne laissons pas périr, faute d'aliment essentiel, la flamme fragile et pourtant vivace qui brille au fond de chaque conscience. Que toutes les pensées généreuses et les émotions sincères trouvent en nous un asile digne de leur magnificence. Afin que la vulgarité soit à jamais exclue de tout ce qui m'environne, je te confie mon âme, ô solitude, reine altière et somptueuse, mère de toutes les majestés. Apprends-moi le sens divin des choses, le but de l'existence, la source de l'immortelle beauté. Apaise ma conscience assaillie de troubles incessants et donne-moi de l'univers une opinion définitive que je puisse conserver toujours.

Solitude, séjour de vérité, astre qui brille sur les ténèbres, daigne accueillir mon âme dans ton sein. Regarde, je suis faible, impuissante, pourtant j'aspire à toutes les hauteurs.

Je voudrais que ma vie soit harmonieuse et féconde, dis-moi le secret de ta grandeur. Mais déjà, je le sens, ma prière s'exauce. Ma fébrilité s'efface peu à peu, tandis que la douceur et la patience m'inondent de leurs bienfaits silencieux.

Ainsi la solitude nous apprend la résignation et la persévérance. Enseignement unique et profitable, qui propage la dignité et couronne l'effort.

Car, tout sur cette terre s'acquiert au prix de la souffrance ou du labeur. Le bonheur n'est souvent qu'un échange effectué contre un chagrin passé. Tout se compense et s'équilibre. Ne cherchons pas l'utilité immédiate des larmes. Elles sont peut-être le prélude d'une joie insoupçonnée dont nous acquittons par avance le tribut douloureux.

Quand le sommet auquel on aspire satisfait nos désirs les plus ambitieux, rien ne rebute nos efforts. La cause que l'on plaide n'existe que par les arguments que l'on invoque. Encouragée par la solitude, conseillée par la sagesse, je m'efforcerai d'étendre à l'infini le royaume de ma conscience.

*
* *

Un être ne vaut que par ses aspirations. Toute âme supérieure éprouve le besoin d'un idéal, en accord avec ses penchants intimes où elle puisse, aux heures d'épreuve, se fortifier et s'agrandir.

Le rêveur jette un défi à la trivialité de l'existence. Sa vie est un perpétuel hymne d'amour à la beauté.

La moindre élévation comporte des devoirs. Une conscience lucide et exigeante nous interdit, comme une déchéance, les satisfactions amoindrissantes des êtres inférieurs. Une noble conception du monde est un obstacle insurmontable où viennent se briser d'elles-mêmes toutes les tentatives renouvelées et infructueuses de la matière.

Le but secret de la conscience est de nous élever sur les sommets grandioses de la sagesse et de la beauté. Seul, l'idéaliste peut espérer y parvenir et s'y complaire. Ainsi tous les grands biens de ce monde, vérité, harmonie, sérénité, se réunissent et se concentrent dans ces régions suprêmes.

Le beau et le bien sont les flambeaux lumineux qui éclairent l'humanité dans son évolution. Ils sont encore les apôtres émouvants et sublimes de l'enthousiasme et de l'effort. Placés à l'avant-garde de la vie, ils nous montrent, dans l'océan des incertitudes, le chemin de la vérité et de l'idéal.

On s'imagine quelquefois qu'ils aspirent à des fins opposées et distinctes. C'est une erreur grossière que la raison rejette autant que la conscience.

La beauté parfaite se propose toujours l'élévation de l'âme. Et le bien n'a de véritable signification qu'exprimé sous une forme harmonieuse.

Ainsi, on chercherait en vain à les désunir. Ils remplissent en commun la mission souveraine de nous hausser au rang des dieux. Et, s'il faut admettre la possibilité d'un autre monde équitable et invisible, nous sommes tous d'accord pour reconnaître qu'ils en sont les représentants les plus expressifs.

Nous pouvons douter sur le but de notre existence, et l'esprit s'égare souvent sur la nature du devoir à accomplir. Le mal prend quelquefois des apparences trompeuses et la conscience la plus scrupuleuse peut être plongée dans une obscurité soudaine.

Quand autour de nous tout s'écroule, quand nos convictions et nos espoirs nous abandonnent, la beauté radieuse et éternelle sourit encore sur les décombres amoncelés de nos croyances avortées.

En elle se résorbe tout le divin épars dans l'univers. N'essayons pas de rechercher le but qu'elle ambitionne. Adorons en elle la prêtresse de l'idéal, source de toutes les félicités.

Élevons dans notre conscience un temple en son honneur. Qu'à toute heure, en tout lieu, un chant d'amour, parti du meilleur de nous-mêmes, l'implore et la glorifie.

Il n'est ni regret ni peine que sa présence ne dissipe. Elle console les désespérés, réconforte les faibles, exalte les rêveurs, enchante les êtres délicats.

Harmonieuse et sereine, elle va, semant partout l'espérance et la béatitude.

O beauté! dont nous ignorons tout, le but et la provenance, continue d'exercer sur nous ton précieux ministère. Ta religion nous est salutaire et douce.

Et tous les êtres qui ont besoin pour l'adorer que leur idole les ravisse, seront éternellement tes disciples enthousiastes et confondus. Prends en pitié notre faiblesse misérable et continue d'épandre toujours sur nous tes miracles célestes et bienfaisants.

*

La pratique du bien ne conduit pas toujours ses adeptes à la contemplation de la beauté. Mais tous ceux qui professent le culte de l'harmonie souveraine trouvent, dans l'usage de la bonté, une douceur secrète.

C'est par l'adoration du beau qu'on arrive à l'amour. L'intelligence dépourvue de tendresse n'est qu'un faible bienfait. L'esprit n'entrevoit que les réalités apparentes de l'univers. Le cœur seul pénètre le sens caché des lois qui régissent le monde. Et si les raisons qu'il invoque sont sujettes à la réfutation pouvons-nous le blâmer d'avoir apporté à la sécheresse naturelle de l'existence l'embellissement prestigieux du sentiment ?

Tandis que le cœur accepte avec reconnaissance tous les sujets susceptibles de satisfaire son insatiable désir d'affection, la conscience n'accueille et ne consacre que les grandes amours. Les attachements qu'elle contracte sont profonds et éternels. Le temps et l'oubli épargnent ce qu'elle vénère. Elle oppose au renouvellement continuel des choses, l'intime certitude de son immortalité.

Ainsi le cœur nous apparaît comme un portique, situé dans la voie du sentiment et destiné à être franchi pour accéder au royaume de la conscience. Toutes nos tendresses viennent y défiler une à une. Selon le degré de leur sincérité, elles trouvent en elles la force nécessaire pour mener à bien leur marche progressive. Peu nombreuses sont celles qui parviennent au but ambitionné.

On croit toujours quand on aime que le cœur fleurit pour la dernière fois. Nous faisons des rêves éternels sur des inclinations passagères. Comme si, prévenus de notre existence précaire, nous voulions nous étourdir et lutter, par des idées de perpétuelle durée, contre la certitude désespérante de notre instabilité! Nous espérons, en prolongeant plus que de coutume une pensée ou une affection personnelle, recevoir du néant un provisoire délai.

*_

Une loi d'amour règne victorieusement sur le monde depuis sa création. Par elle tout s'explique et s'harmonise. La conscience elle-même s'abandonne en son pouvoir. Elle aspire au réconfort vivifiant de son rayonnement. Mais, plus exigeante que le cœur, ses enthousiasmes sont toujours dictés par la beauté. Soucieuse de conserver l'heureux équilibre de son royaume intérieur, elle s'ingénie à ne jamais se laisser émouvoir par des sujets amoindrissants. Tous ses soins tendent à concilier son désir d'aimer avec ses exigences intimes. C'est ainsi que la conscience réunit toujours dans une même adoration les deux cultes suprêmes du beau et du bien.

✱

Un cœur sensible s'égare souvent sur l'objet de son attachement. Il semble que la hâte fiévreuse qu'il a de s'épancher lui dissimule la vérité et le contraigne à embellir, de ses propres richesses, le sujet de son amour.

La conscience ne s'abandonne jamais à ces faiblesses.

Prudente et dédaigneuse, elle se tient à l'écart de ces égarements. Pourtant, la loi d'attraction passionnée qui gouverne le monde, l'enchante et la captive. Elle a besoin pour exister qu'un souffle de tendresse l'anime. Une conscience éclairée meurt lorsque son idéal la quitte. Quand le rêve auquel elle aspire ne peut être réalisé, elle languit et se désespère d'humiliation et de regret. Avec un tact incomparable, elle discerne parmi la vaste production de l'univers, les sujets susceptibles de la captiver noblement.

Car la conscience n'est vraiment satisfaite dans ses moindres exigences que si la joie qu'elle ressent provient d'une cause élevée. Elle ne se complaît que dans l'admiration ou la sérénité. Elle ne se départ de son indifférence naturelle que pour se dévouer ou s'ennoblir. Afin de résister aux tentations d'un amour indigne, elle prend soin de s'aider dans ses jugements du secours de la raison. Il est rare qu'elle agisse avec caprice ou impulsion. Elle préfère repousser à jamais l'espérance du bonheur que de compromettre sa dignité morale. Ses aspirations la soumettent parfois à de rudes épreuves. Il semble que la matière, désireuse de faire valoir sa puissance dédaignée, engage contre elle un combat décisif. Elle subit alors des secousses si rudes qu'elles ébranlent ses convictions les plus profondes. Révolution intime qui met l'âme au supplice, mais dont l'issue victorieuse nous inonde de douceur et de félicité. On dirait qu'un bienfait nous devient plus précieux en raison des peines qu'il nous coûte. Faut-il donc, pour qu'un plaisir nous ravisse, l'acquérir au prix de la douleur?

Nous dédaignons souvent, faute de les

comprendre, les richesses spontanées du ciel.

Tandis que la nature nous prodigue ses largesses, nous cherchons ailleurs, aveugles que nous sommes, d'impossibles bonheurs.

Nous jouissons mieux de notre vie intérieure quand un danger l'a menacée.

L'enfant ne sait pas apprécier la paix indicible où il baigne. N'imitons pas son ignorance. Savourons jusqu'à l'enivrement l'harmonieuse sérénité de notre conscience.

*_**

Ainsi nos jours sont parsemés de plaisirs souriants et faciles que nous semblons nous ingénier à ne pas voir. Le bonheur, il est vrai, n'aime pas le tapage. Il chérit l'ombre et le mystère et nous frôle souvent sans que nous le sachions. Les trésors qu'il détient sont ouatés de silence. Il faut se recueillir pour les bien distinguer. La conscience a des clartés que la raison ignore. Elle nous montre toujours la route qu'il faut suivre. Laissons chanter en nous sa voix divine. Ne cherchons pas ailleurs un autre conseiller. Ne suivons pas l'exemple des pauvres êtres mystifiés qui côtoient, sans jamais les soupçonner, les beautés secrètes de l'Univers. Le bonheur est en nous. Ne soyons pas les auteurs inconscients de nos propres douleurs. La vie déborde de tendresses insoupçonnées et de clémences incomprises. Nous luttons souvent contre elle pour notre désespoir. Soyons attentifs et clairvoyants. N'écoutons pas les séductions apparentes et trompeuses du monde. Suivons les préceptes de la nature, si nous voulons être bénis des dieux.

Comme un grand cœur ouvert à toutes les misères humaines, elle répand sur nous son inépuisable douceur. Elle a des baumes souverains pour les blessures les plus vives, et les chants dont elle berce nos souffrances sont persuasifs et apaisants.

Elle est indulgente et charitable. Sa bonté est une source jaillissante que rien ne peut tarir. Ses bienfaits toujours surpassent ses promesses. A son contact, les peines se dissipent et les espérances fleurissent. Tout en elle respire la sérénité et le détachement. On dirait qu'avertie par des expériences multiples de l'inutilité de tous les efforts, elle se soit enfermée dans un silence auguste et désenchanté.

Pourtant cette froideur n'est qu'apparente.

Que de trésors d'amour sommeillent dans son sein !

Quand le pâle soleil de l'aurore pose sur la nature endormie son baiser nuptial, on distingue, sur les feuilles frémissantes, des larmes de rosée provenant de son heureux émoi.

Sensible et délicate, elle dissimule ses faiblesses par excès de pudeur. Elle est femme avant tout. Pour se sentir vivre, elle a besoin d'aimer. Son royaume invite aux tendres effusions. Une amollissante langueur se répand sur tous ceux qui la servent. Le cœur sanctifie tous les chemins qu'il traverse. La nature est la patrie du sentiment. L'élégance qui s'attache à ses moindres gestes communique aux enthousiasmes qu'elle suscite une juste modération. On peut toujours, sans crainte de se soustraire à une harmonieuse mesure, s'abandonner à ses transports divins.

Tandis que nous vivons dans la contrainte et l'effort, elle baigne dans la sérénité. Toutes les joies naissent de sa présence. Avec un tact incomparable, elle allie les exigences du rêve aux nécessités de l'existence. Elle sait, quand il le faut, se soumettre aux lois inéluctables, mais sa résignation ne ressemble jamais à la passivité. Une sève d'immortelle jeunesse circule dans son sein. Un éternel printemps la délivre chaque année d'une forpeur rassérénante et consentie. Elle ressuscite alors à l'espérance et à la joie. Sa sagesse est infinie. Tout en elle symbolise la tendresse et la raison. Pourtant, il faut chercher ailleurs la cause de sa béatitude.

Nature, cité de paix et de silence, daigne nous initier à tes sacrés mystères. A quel miracle faut-il attribuer ta souveraine grandeur?

L'idéal que l'on sert constitue le mobile secret qui nous fait agir. Nos actes sont les enfants de nos rêves. Si la nature a des attaches dans la terre, ses sommets trempent dans l'azur. Tandis que ses racines s'unissent et se mêlent dans un profond amour, ses aspirations tendent vers le ciel.

Une âme qui contemple la beauté n'est jamais susceptible d'erreur.

Un cœur qui s'abandonne aux lois de la nature se fiance pour toujours à la félicité.

1914.

IMPRIMÉ

PAR

PHILIPPE RENOUARD

19, rue des Saints-Pères

PARIS

Documents manquants (pages, cahiers...)
NF Z 43-120-13

www.ingramcontent.com/pod-product-compliance
Lightning Source LLC
Chambersburg PA
CBHW060154100426
4274CB00007B/1029